DIE COOLSTEN CRISPY & CRUNCHY REZEPTE

EASY & TASTY

INHALTSVERZEICHNIS

GOOD
TO
KNOW

Von den absoluten Must-haves
bis zum coolsten Hot Stuff: Hier gibt es
smarte Facts und clevere Hacks, damit die
Gerichte garantiert gelingen. Alles auf einen
Blick für dich zusammengefasst!

ULTIMATIVE TOOLS & TECHNIKEN

Stell dir vor: Mit wenig Aufwand werden deine Pommes so knusprig wie die von deinem Lieblingsburgerladen und deine Tacos so knackig wie die beste Foodtruck-Variante. Denn für gaaanz viel Crisp & Crunch braucht es nur etwas Know-how und diese grandiosen Rezepte. Also: Ready to rock the kitchen?

ALLE FACTS AUF EINEN BLICK

Let's go shopping!

Jede Zutat, die du für die Rezepte brauchst, findest du in der Zutatenliste. Am besten gehst du sie einmal durch und überprüfst, was ihr im Vorrat habt. Basics wie Salz, Pfeffer, Gemüsebrühe, Zucker, Mehl oder Backpulver könnten sich bereits bei euch im Küchenschrank befinden. Was du darüber hinaus benötigst, schreibst du auf eine Einkaufsliste – und dann geht's zum Shopping!

Absolute Must-haves?

In der Checkliste (siehe Kasten) findest du nützliches Küchenzubehör für die Rezepte in diesem Buch. Aber sollte etwas davon fehlen, ist das meist auch kein Problem. Hier ist dein Improvisationstalent gefragt! Findest du den Kartoffelstampfer nicht, kannst du auch eine stabile Gabel zum Zerdrücken von weich gekochten Kartoffeln oder anderem Gemüse nehmen. Fehlt die Knoblauchpresse, hackst du die Knolle mit einem Messer klein.

Küchenstars für Knusprigkeit

Das Motto heißt hier natürlich nicht umsonst »Crispy & Crunchy«. In diesem Buch findest du Rezepte, die dank smarter Helfer besonders knusprig und knackig werden. In einem Topf auf dem Herd gelingen dir durch das Frittieren in Öl (S. 8) zum Beispiel Nudelchips (S. 22) genauso gut wie Börek (S. 26) oder Kartoffelkrapfen (S. 66). Auch der Backofen ist für Seelenfutter eine super Wahl. Im Ofen kannst du Nachos überbacken (S. 16), Gemüsechips (S. 39) oder coolen Süßkram machen (ab S. 74). Für diese Rezepte brauchst du ein Backblech und Backpapier, manchmal eine Auflaufform und immer dicke Ofenhandschuhe.

Nice-to-have-Stuff

Backofen und Herd reichen als Basis für die meisten Rezepte aus. Hast du eine Fritteuse zu Hause, kannst du diese stattdessen für das Frittieren verwenden. Praktisch ist, dass sich die benötigte Temperatur hier direkt einstel-

Checkliste: Die Top 20

Topf	Pfannenwender
Pfanne	Schneebesen
Rührschüssel	Schaumlöffel
Kochmesser	Käsereibe
Gemüsemesser	Knoblauchpresse
Sparschäler	Kartoffelstampfer
Schneidebrett	Pürierstab
Messbecher	Sieb
Küchenwaage	Backpapier
Kochlöffel (Holz)	Küchenpapier

len lässt. Auch ein Airfryer eignet sich: In der Heißluftfritteuse werden Kartoffeln und Co. mit ganz wenig Fett zu fabelhaftem Knusperfood. Beachte aber, dass im Airfryer andere Garzeiten gelten als beim Frittieren. Angaben dazu findest du in der Bedienungsanleitung. Was sonst noch für den Crisp-Effekt sorgt? Toaster, Sandwichmaker und Kontaktgrill sind ebenfalls angesagte Extratools.

Sweet Love

Das letzte Kapitel katapultiert dich in ein Süßigkeitenparadies – von Churros bis zum Eissandwich. Für manche Rezepte brauchst du noch etwas mehr Zubehör: Backformen, ein Handrührgerät oder einen Spritzbeutel. Auch hier kannst du improvisieren: Einen Spritzbeutel bastelst du dir selbst, indem du bei einem Frischhaltebeutel unten eine kleine Ecke abschneidest. Schokolade kannst du statt über dem Wasserbad auch in 30-Sekunden-Intervallen bei 500 Watt in der Mikrowelle schmelzen (zwischendurch umrühren). Nur bei einer Sache sind Backrezepte etwas pingelig – den Mengenangaben! Messbecher und Küchenwaage helfen dir dabei, es genau zu nehmen.

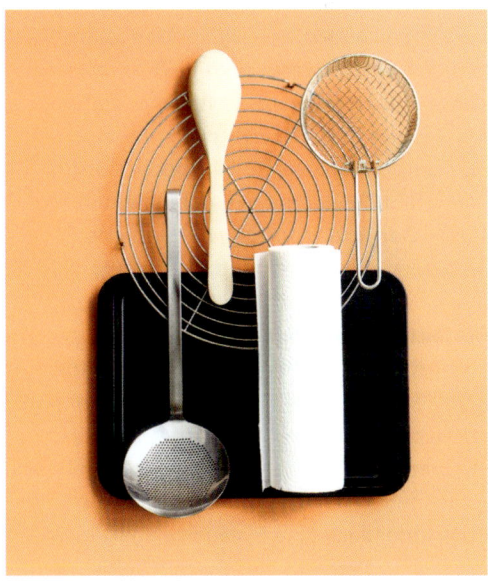

HOW TO: FRITTIEREN IM TOPF

HOT, HOTTER, HOTTEST!

Aufgepasst ... hier geht es garantiert heiß her: Mit um die 175 Grad heizt du deinen Zutaten beim Frittieren ordentlich ein. Wow! Wir verraten dir, was du beachten musst, damit beim Brutzeln in Öl nichts schiefgeht. So easy-peasy bekommst du leckere Fries, Spring Rolls oder Nuggets zum Niederknien hin.

Echt heiße Sachen

Beim Frittieren schwimmen deine Zutaten in sehr heißem Fett. Sie werden innen gar und bekommen außen eine knusprige Kruste. Weil das Fett so wahnsinnig heiß ist, musst du dabei wirklich gut aufpassen. Sicherheit geht vor! Ob das Fett die richtige Temperatur hat, überprüfst du mit einem Holzkochlöffelstiel (siehe Bild 2) oder mit einem Küchenthermometer. Der Test ist wichtig, denn ist das Öl zu heiß oder zu kalt, gelingt das Ergebnis nicht.

Perfekt ausgestattet

Zum Frittieren benötigst du: Topf, Holzkochlöffel, Schaumlöffel, Küchenpapier, Gitter (z. B. Ofen- oder Kuchengitter) und Öl. Es eignen sich neutrale Öle, die sich hoch erhitzen lassen – zum Beispiel raffiniertes Rapsöl. Ein Schaumlöffel (oder auch eine Schaumkelle) ist ideal, um das Gegarte aus dem Fett zu heben und abtropfen zu lassen (siehe Bild 4). Wenn du keinen hast, kannst du einen hitzebeständigen Pfannenwender verwenden.

Der Umwelt zuliebe

Ein wichtiges Thema beim Frittieren: Wohin mit dem alten Fett? Generell lässt sich Frittierfett auf alle Fälle drei Mal wiederverwenden, wenn du es jedes Mal in einem feinmaschigen Sieb abseihst und es in einem geschlossenen Gefäß im Kühlschrank aufbewahrst. Unbedingt am Öl riechen, bevor du es wieder verwendest. Ist das Fett ranzig geworden, bitte wegwerfen! Achtung: Du darfst es nicht in Ausguss oder Toilette kippen. Kleine Mengen entsorgst du im Restmüll: Entweder du lässt es dafür erkalten und wickelst es in Zeitungspapier ein oder du füllst das flüssige Öl in einen Wegwerfbehälter. Große Mengen gehören auf den Wertstoffhof.

Bereit alles vor
Verwende einen großen hohen Topf, in dem die angegebene Menge Öl Platz hat. Das Fett sollte maximal bis zur halben Höhe des Topfs reichen, damit nichts herausspritzt.

Mach den Test
Ist das Fett schon heiß genug (165–175 Grad)? Halt den Stiel eines Holzkochlöffels in das Öl. Wenn daran sofort viele Bläschen aufsteigen, ist die Temperatur perfekt.

Frittier los
Gib dein Essen portionsweise in das heiße Öl, sodass die Zutaten wirklich schwimmen können. Wenn es zu viel ist, kühlt das Fett schnell ab und nichts wird gar. Achte auf die Garzeit.

Lass es tropfen
Leg ein Gitter großzügig mit Küchenpapier aus. Heb das Frittierte aus dem Fett und leg es darauf. Jetzt kann es trocknen und überschüssiges Fett abtropfen. Fertig!

HOW TO:
RICHTIG GUT PANIEREN

Knusprig, goldbraun – und mmh-lecker! Das Geheimnis einer phänomenalen Kruste liegt in der Panade. Doch wie wird sie gemacht? Wenn du weißt, wie das Einhüllen von Schnitzeln oder Tempura funktioniert, ist dir das unwiderstehliche Geschmackserlebnis sicher. Hol sie dir, die »Perfect Crust« schlechthin!

LOOKS GOOD – TASTES GOOD

Klassisches Design

Wenn du an dein letztes Schnitzel denkst, läuft dir das Wasser im Mund zusammen? Bestimmt ist das der typischen Semmelbröselpanade zu verdanken! Semmelbrösel werden aus altbackenem Brot gemacht – es gibt sie auch in Vollkorn- oder Dinkelvariante. Die Brösel kannst du fertig kaufen oder selbst herstellen. Zum Selbermachen brauchst du altbackenes (Weiß-)Brot und eine Küchenreibe zum Zerkleinern. Wichtig ist, dass dein Brot komplett trocken ist. Getrocknete Kräuter und Gewürze kannst du nach Belieben untermischen.

Fancy Alternativen

Superbeliebt ist Panko – das japanische Paniermehl. Die Brösel gibt es im Asialaden oder in gut sortierten Supermärkten. Für den Megacrunch sorgen ungezuckerte Cornflakes, Cracker, Chips oder Nachos. Du kannst sie in einen Gefrierbeutel füllen und mit dem Nudelholz zerkleinern. Außerdem gibt es Paniermehl aus getrocknetem Gemüse (z. B. Rote Bete). Noch mehr Happy-Health-Panaden kannst du dir aus Haferflocken, Nüssen (z. B. Walnüssen) oder Sesamsamen herstellen. Achtung: Nüsse brennen schnell an, die musst du beim Garen daher im Auge behalten.

Deine Dress-up-Station

Das »Einkleiden« von Fleisch, Gemüse und Co. in verschiedenen Steps wird als Panierstraße bezeichnet (siehe Bilder 1–3). Bau die Panierstraße erst auf, wenn du alle Zutaten vorbereitet hast. Du brauchst: Mehl, Ei, Panade, zwei große flache und einen tiefen Teller. Fertig Paniertes frittierst du oder brätst es von beiden Seiten in der Pfanne an. Auch in der Pfanne sollte die Temperatur stimmen (siehe Holzkochlöffel-Trick S. 9).

Bemehlen

In die erste Schale oder auf einen flachen Teller gehört das Mehl. Wende das Gargut darin auf beiden Seiten. Es sollte rundum mit Mehl bestäubt sein. Überschüssiges Mehl schüttelst du kurz ab, damit das Ei besser haften kann.

In Ei baden

In die zweite Schale oder auf einen tiefen Teller kommt das Ei. Schlag es in der Schale auf und verquirl es mit einer Gabel, bis sich Eigelb und Eiweiß vermischen (nicht schaumig rühren). Wende das Gargut darin und lass überschüssiges Ei abtropfen.

In Panade wenden

In die dritte Schale oder auf einen Teller soll die Panade (z. B. Semmelbrösel). Wende das Gargut darin, aber drück es nicht zu stark an. Ist die Panade zu dick, wird alles nur teigig und nicht kross.

HACKS FÜR CRISP & CRUNCH

Noch mehr Knusperspaß gewünscht? Na, dann los: Mega-yummy-funny Ergebnisse gibt es mit diesen Tipps und Tricks. Verleihe deinen Gerichten dank cleverer Hacks das besondere Etwas. Einfach nach Lust und Laune ausprobieren und überraschen lassen!

WARM-UP

Für einen knusprigen Teigboden heizt du das Backblech im Ofen mit vor und breitest erst danach den Teig darauf aus. Wenn du ein Backblech mit Antihaftbeschichtung hast und dein Teig nicht zu klebrig ist, kannst du das Backpapier für den Boden auch weglassen.

ANTI-MATSCH-STRATEGIE

Du möchtest knusprig Gegartes aufbewahren? Leider wird es schnell labbrig und verliert seinen Crunch. Damit das nicht passiert, lässt du Frittiertes oder Gebackenes komplett auskühlen und verpackst es anschließend in eine luftdicht verschlossene Box.

POMMES-EXPERIMENTE

Es gibt wohl Methoden, die können Pommes noch krosser machen. Probier's doch einfach mal aus und vergleich, ob du einen Unterschied schmeckst:

- **Ganz normal:** Die Kartoffeln frittieren oder im Ofen backen wie in den Rezepten (S. 24 und S. 25) angegeben.

- **Mit dem Essigtrick:** Erst die Kartoffeln in einem Gemisch aus Wasser und Essig vorkochen und dann frittieren oder backen. Für 1 kg Kartoffeln benötigst du etwa 3 l Wasser und 5 EL Weißweinessig.

- **Dank Salzwasser-Hack:** Bevor die Pommes in den Ofen kommen, die Kartoffelsticks auf dem Backblech ausbreiten und mit Salzwasser besprühen. Dafür 1–2 TL Salz mit 150 ml Wasser mischen und in eine Sprühflasche (z. B. für Bügelwäsche) füllen.

OUTDOOR-FEELING

Röstaromen ohne Grill? Das bekommst du mit der Grillfunktion deines Backofens hin. Wenn sie eingeschaltet ist, werden die oberen Heizstäbe extrastark erhitzt, sodass eine Röstung entstehen kann. Das Symbol erkennst du an den gezackten Linien. Schieb das Blech auf der höchsten Stufe in den heißen Backofen und warte bis alles goldbraun ist.

KLEBEMITTEL

Du möchtest beim Panieren (S. 11) auf Ei verzichten? Stattdessen kannst du Joghurt, verdünnten Senf, Sahne oder dickflüssige Kokosmilch verwenden.

CHEEESE!

Knuspriger Käseauflauf klappt am besten mit speziellen Sorten: Hartkäse wie Emmentaler, Greyerzer oder Parmesan eignen sich sehr gut. Noch knackiger wird die Auflaufkruste, wenn du unter den Käse einige Semmelbrösel oder gehackte Nüsse mischst.

VEGGIE-CRUNCH

Dein Gemüse braucht zum Rösten ordentlich Platz. Verwende daher immer ein Backblech und keine Auflaufform, sonst fangen die Ränder der Form den Wasserdampf ab und das Gemüse wird nicht kross. Für noch mehr Crisp kannst du vor dem Backen zusätzlich Maisstärke darüberstreuen.

LIEBLINGSSNACK

Du bist verrückt nach Zwiebelringen (S. 33) und willst welche auf Vorrat haben? Für größere Mengen lohnt sich das Vorgehen: erst braten, dann backen. Brat die Zwiebeln in der Pfanne an, leg sie anschließend nebeneinander (nicht übereinander!) auf ein Blech und lass sie bei 90 Grad im Backofen für ca. 90 Minuten rösten. Auskühlen lassen und luftdicht verschlossen aufbewahren.

SNACK.
RELAX.
REPEAT.

Mit Nudelchips den TikTok-Trend
nachmachen oder mit Käsenachos das Binge
Watching aufbessern – alles kein Problem
mit unseren tasty Snacks. Diese heißen Happen
musst du probieren!

ÜBERBACKENE NACHOS

MIT JALAPEÑOS

**25 Min.
Zubereitung**

**15 Min.
Backen**

**Pro Portion
ca. 700 kcal**

Für 4 Personen

2 EL Olivenöl
400 g Rinderhackfleisch
1 EL Tomatenmark
1 TL Chili-con-Carne-Gewürz-
mischung
Salz | Pfeffer
1 Fleischtomate
2 Frühlingszwiebeln
100 g Cheddar
100 g Schweizer Emmentaler
3 EL eingelegte Jalapeño-
Ringe (aus dem Glas)
180 g Mais-Tortillachips »natur«

1 Den Backofen auf 200° vorheizen und ein Backblech mit Backpapier auslegen. Das Olivenöl in einer beschichteten Pfanne erhitzen und das Hackfleisch darin bei großer Hitze unter gelegentlichem Rühren krümelig braun braten. Das Tomatenmark und die Chili-Gewürzmischung unterrühren und kurz mitrösten. Mit 3–4 EL Wasser ablöschen, salzen, pfeffern und bei kleiner Hitze weitere 2–3 Min. garen, bis die Flüssigkeit verdampft ist. Die Pfanne vom Herd nehmen und das Hackfleisch etwas abkühlen lassen.

2 Inzwischen die Tomate waschen, halbieren, den Stielansatz entfernen und die Kerne mit einem Löffel herauskratzen. Das Fruchtfleisch ca. 1 cm groß würfeln. Frühlingszwiebeln putzen und waschen, dann den grünen und den weißen Teil getrennt voneinander in feine Ringe schneiden. Beide Käsesorten grob reiben. Die Jalapeño-Ringe abtropfen lassen und nach Belieben kleiner schneiden.

3 Die Hälfte der Tortilla-Chips dicht an dicht auf dem Blech verteilen. Jeweils die Hälfte des Hackfleischs, der Tomatenwürfel und der weißen Frühlingszwiebelringe daraufgeben, zuletzt die Hälfte vom geriebenen Käse darüberstreuen. Die übrigen Zutaten (Chips, Hackfleisch, Tomatenwürfel, weiße Frühlingszwiebelringe) in derselben Reihenfolge darübergeben. Die Nachos im heißen Ofen (Mitte) ca. 15 Min. überbacken, bis der Käse schön zerlaufen ist, ohne zu bräunen. Die Nachos mit den Jalapeños und dem Frühlingszwiebelgrün bestreuen und am besten direkt mit den Fingern vom Blech essen.

GUACAMOLE

MIT KORIANDERGRÜN

ZUM REIN-LEGEN GUT!

15 Min.
Zubereitung

30 Min.
Ruhen

Pro Portion
ca. 200 kcal

Für 4 Personen

1 Limette
2 große reife Avocados
1 Knoblauchzehe
1 Frühlingszwiebel
½ Bund Koriandergrün
Salz | Pfeffer
Chilipulver
½ TL gemahlener
   Kreuzkümmel

1 Die Limette halbieren und auspressen. Die Avocados halbieren und die Kerne entfernen. Das Fruchtfleisch mit einem Löffel aus der Schale in eine Schüssel kratzen und sofort mit dem Limettensaft mischen.

2 Den Knoblauch schälen und durchpressen. Die Frühlingszwiebel putzen, waschen und trocken tupfen. Den grünen Teil in feine Ringe schneiden, den weißen Teil längs vierteln und fein hacken. Das Koriandergrün waschen, gut trocken schütteln, die Blättchen abzupfen und fein hacken.

3 Das Avocadofruchtfleisch mit einer Gabel zermusen und alle vorbereiteten Zutaten untermengen. Mit Salz, Pfeffer, 1–2 Prisen Chilipulver (Menge nach Geschmack) und dem Kreuzkümmel würzen. Die Guacamole ca. 30 Min. durchziehen lassen. Mit Nachos oder knackigen Gemüsestücks genießen.

KÄSEDIP

MIT CHILISCHÄRFE

30 Min.
Zubereitung

Pro Portion
ca. 175 kcal

ZUM DIPPEN MIT NACHOS

Für 4 Personen

1 EL Butter
1 EL Mehl
150 ml Milch
(geräuchertes) Chilipulver
½ TL Gemüsebrühe (Instant)
100 g Cheddar
Salz | Pfeffer
Limettensaft

1 Die Butter in einem Topf bei mittlerer Hitze schmelzen. Das Mehl dazugeben und unter Rühren mit einem Schneebesen anschwitzen, ohne dass es bräunt. Mit der Milch ablöschen und alles gründlich mit dem Schneebesen glatt rühren. Zum Kochen bringen, ca. ¼ TL Chilipulver (Menge nach Geschmack), die Gemüsebrühe und 100 ml Wasser dazugeben und die Mischung unter Rühren aufkochen lassen.

2 Die Sauce offen bei kleiner Hitze ca. 10 Min. leicht köcheln, dabei immer wieder umrühren. Inzwischen den Cheddar grob reiben. Portionsweise in die Sauce geben und unter kräftigem Rühren schmelzen lassen. Die Sauce mit Salz, Pfeffer und 2 Spritzern Limettensaft abschmecken. Leicht abkühlen lassen, dabei noch einmal umrühren. Am besten lauwarm als Dip servieren, z. B. zu knusprigen Nachos.

CROSTINI

MIT TOMATEN UND PINIENKERNEN

25 Min.
Zubereitung

1 Std.
Kühlen

Pro Stück
ca. 170 kcal

FÜR DEN
ITALIENISCHEN
ABEND

Für 18 Stück

1 Knoblauchzehe
5 EL Pinienkerne
2 kleine Zwiebeln
600 g reife Tomaten
10 Basilikumblätter
ca. 10 EL Olivenöl
2 EL Aceto balsamico bianco
1 TL Zucker
Salz | Pfeffer
2 Ciabatta-Brote

1 Knoblauch schälen und fein hacken. Pinienkerne in einer Pfanne ohne Fett unter ständigem Rühren rösten, bis sie leicht gebräunt sind. Zwiebeln schälen und fein würfeln. Tomaten waschen, von den Stielansätzen befreien und in sehr kleine Stücke schneiden. Basilikum waschen, abtrocknen und in feine Streifen schneiden. Tomaten, Zwiebelwürfel, Pinienkerne und Basilikum in einer Schüssel vermengen. 2 EL Öl und den Essig unterrühren. Die Tomatenmischung mit Zucker, Salz und Pfeffer abschmecken und zugedeckt 1 Std. in den Kühlschrank stellen.

2 Die Brote in je 9 ca. 1 cm dicke Scheiben schneiden. 2 EL Öl in einer großen Pfanne erhitzen und je 3 Scheiben Ciabatta darin von beiden Seiten rösten. Herausnehmen und auf einen großen Teller legen. Diesen Schritt so oft wiederholen, bis alle Brotscheiben geröstet sind. Etwas abkühlen lassen.

3 Die Tomatenmischung aus dem Kühlschrank holen und mit einem Esslöffel auf die Brote häufen. Falls sich viel Flüssigkeit gebildet hat, diese möglichst in der Schüssel lassen. Die Crostini auf eine große Platte legen, mit etwas Pfeffer übermahlen, mit Olivenöl beträufeln und auf den Tisch stellen.

PINTXOS

MIT BOHNENCREME

TAPAS AUS DEM BASKENLAND

🥄 30 Min.
Zubereitung

🍴 Pro Stück
ca. 100 kcal

Für 10 Stück

10 Zweige Thymian
1 Zwiebel
1 Knoblauchzehe
1 EL Olivenöl
1 kleine Dose weiße
   Bohnenkerne (ca. 250 g
   Abtropfgewicht)
Salz | Pfeffer
1 EL Zitronensaft
40 g Frischkäse
ca. 2 TL lösliche Haferflocken
10 Scheiben Baguette
10 große Oliven (entsteint)

Außerdem:
10 Holzspießchen

1 Den Thymian waschen, trocken tupfen und die Blättchen abzupfen. Die Zwiebel und den Knoblauch schälen und in kleine Würfel schneiden. Das Öl in einem kleinen Topf auf mittlerer Stufe erhitzen, die Zwiebelwürfel und den Knoblauch hinzufügen und glasig dünsten.

2 Die Bohnen in ein Sieb abgießen und abtropfen lassen. Dann mit der Hälfte des Thymians zu den Zwiebeln geben, mit Salz und Pfeffer würzen und zugedeckt bei kleiner Hitze ca. 5 Min. dünsten. Die Mischung lauwarm abkühlen lassen.

3 Die Bohnen-Zwiebel-Mischung in einen hohen Rührbecher umfüllen, Zitronensaft, Frischkäse und 1 TL Haferflocken dazugeben. Alle Zutaten mit dem Pürierstab grob pürieren. Wenn die Creme zu weich ist, die übrigen Haferflocken (1 TL) dazugeben und untermixen.

4 Die Baguettescheiben nach Belieben toasten. Mit der Bohnencreme dick bestreichen und mit dem restlichen Thymian bestreuen. Die Oliven auf Holzspießchen und diese in die Brote stecken. Toll mit anderen Tapas, z. B. mit Käse und Schinken.

PASTA MAL KNUSPRIG

Für 4 Personen

Für den Avocadodip:
1 Avocado
1 TL Zitronensaft
4 Stiele Basilikum
2 Stiele Petersilie
½ Knoblauchzehe
Salz | Pfeffer
3 EL Olivenöl

Für die Nudelchips:
250 g Farfalle (Schmetterlings-
nudeln)
Salz

Außerdem:
2 saubere Küchentücher
1,5–2 l Frittieröl (z. B. Rapsöl)
Schaumlöffel

1 Für den Dip die Avocado halbieren und den Kern entfernen. Das Fruchtfleisch mit einem Löffel herauslösen und in einer Schüssel mit einer Gabel fein zermusen, den Zitronensaft sofort unterrühren. Basilikum und Petersilie waschen und trocken schütteln, die Blätter abzupfen. Den Knoblauch schälen und fein hacken. Kräuterblätter und Knoblauch mit etwas Salz und Pfeffer in einem Mörser zerstoßen. Das Olivenöl nach und nach dazugeben und alles zu einer glatten Paste verarbeiten. Die Paste unter das Avocadomus rühren. Den Dip in eine kleine Schüssel füllen und abgedeckt kalt stellen.

2 Für die Nudelchips die Farfalle in reichlich kochendem Salzwasser nach Packungsanweisung bissfest kochen. In ein Sieb abgießen, kurz kalt abbrausen und gut abtropfen lassen. Dann die Nudeln zwischen zwei sauberen Küchentüchern (kein Küchenpapier!) gut trocken tupfen.

3 Das Frittieröl in einer Fritteuse oder einem hohen Topf auf 175° erhitzen. Es ist heiß genug, wenn an einem hineingehaltenen Holzkochlöffelstiel sofort viele Bläschen aufsteigen. Die Nudeln portionsweise ins heiße Fett geben und in ca. 1 Min. 30 Sek. knusprig frittieren. Mit einem Schaumlöffel herausheben und in eine mit Küchenpapier ausgelegte Schüssel geben. Die Nudelchips mit dem Avocadodip servieren.

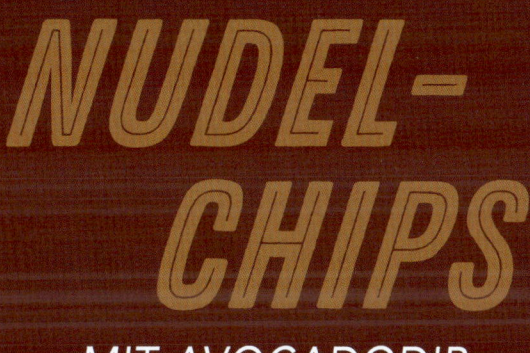

NUDEL-CHIPS

MIT AVOCADODIP

35 Min.
Zubereitung

10 Min.
Kochen

Pro Portion
ca. 505 kcal

POMMES

MIT ZITRONENMAYO

25 Min.
Zubereitung

30 Min.
Ruhen

Pro Portion
ca. 450 kcal

BESSER GEHT'S NICHT!

Für 4 Personen

1 kg mehligkochende
　Kartoffeln
10 g getrocknete Steinpilze
1 EL grobes Meersalz
100 g Mayonnaise
50 g saure Sahne
abgeriebene Schale und Saft
　von ½ Bio-Zitrone
Salz | Pfeffer
½ Bund Schnittlauch

Außerdem:
1 sauberes Küchentuch
1,5–2 l Frittieröl (z. B. Rapsöl)
Schaumlöffel
Blitzhacker

1 Die Kartoffeln schälen, waschen, in ca. 1 cm dicke Stifte
schneiden und kalt abspülen. Auf einem sauberen Küchentuch
ausbreiten und trocken tupfen. Das Frittieröl in einem großen
Topf auf ca. 150° erhitzen. Die Pommes portionsweise hineingeben und je 4–5 Min. »vorgaren«. Mit dem Schaumlöffel herausheben, auf Küchenpapier entfetten und 30 Min. abkühlen
lassen.

2 Die getrockneten Steinpilze und das Meersalz im Blitzhacker
fein mahlen. Die Mayonnaise mit der sauren Sahne, der
Zitronenschale und dem -saft sowie Salz und Pfeffer verrühren.
Den Schnittlauch waschen, trocken tupfen und in Röllchen
schneiden. Unter die Mayonnaise rühren.

3 Das Frittieröl in einem hohen Topf auf 175° erhitzen. Die
vorgegarten Pommes portionsweise hineingeben und in 3–4 Min.
knusprig frittieren. Mit dem Schaumlöffel herausheben und auf
Küchenpapier entfetten. Mit dem Steinpilzsalz würzen und mit
der Zitronenmayo genießen.

ROOT FRIES

MIT KNUSPER

25 Min.
Zubereitung

30 Min.
Backen

Pro Portion
ca. 335 kcal

FÜR GEMÜSE-FANS

Für 4 Personen

60 g Cornflakes
40 g Salatkerne-Mix
   (Fertigprodukt)
2 TL Zaatar (arab. Gewürz-
   mischung; Orientladen)
1 TL gelbe Senfkörner
1 TL Knoblauchpulver
Salz | Pfeffer
6 EL Olivenöl
800 g Wurzelgemüse
   (z. B. Möhren, Rote Beten,
   Pastinaken)
4 TL Speisestärke

Außerdem:
Blitzhacker

1 Den Backofen auf 180° vorheizen und ein Backblech mit Backpapier auslegen. Cornflakes, Salatkerne-Mix, Gewürze, 1 TL Salz und etwas Pfeffer im Blitzhacker zermahlen. Die Mischung in eine Schüssel geben, das Olivenöl dazugeben und gut mit der Mischung verrühren.

2 Das Wurzelgemüse je nach Sorte putzen und waschen oder schälen und in ca. 1 cm dicke Stifte schneiden. Mit der Stärke und dem Würzöl mischen und auf dem Blech verteilen. Das Blech in den Ofen (Mitte) schieben und die Gemüsesticks ca. 25 Min. backen.

3 Den Backofengrill dazuschalten und die Root Fries noch 2–5 Min. grillen, bis sie außen herrlich knusprig sind. Das Blech herausnehmen und die Fries salzen. Dazu passt saure Sahne oder Guacamole (S. 18).

Für 12 Stück

150 g Yufkateig (ca. 6 recht-
  eckige Blätter; ersatzweise
  Filoteig)
200 g Schafskäse (Beyaz Peynir
  oder Feta)
2 Stängel Minze
½ Bund Petersilie
Pfeffer

Außerdem:
ca. 0,5 l Frittieröl (z. B. Rapsöl)
Schaumlöffel

1 Den Teig ca. 30 Min. Raumtemperatur annehmen lassen. Inzwischen den Schafskäse mit einer Gabel fein zerkrümeln. Minze und Petersilie waschen und trocken schütteln, die Blätter abzupfen und fein schneiden. Mit dem Schafskäse mischen und alles mit Pfeffer würzen.

2 Je 2 Teigblätter aufeinanderlegen und diagonal durch-schneiden, sodass 4 Dreiecke entstehen. Je 1 Dreieck mit der längsten Seite unten auf eine Arbeitsfläche legen und je 2 TL Käsemischung in einem Längsstreifen am unteren Rand entlang verteilen, sodass nach unten ca. 1 cm, nach links und rechts jeweils 2–3 cm längs frei bleiben.

3 Die beiden unteren Ecken nach innen über die Füllung schlagen und den freien Rand von unten nach oben über die eingeschlagenen Ecken und die Füllung vorsichtig straff aufrollen.

4 Die Teigspitze mit etwas Wasser befeuchten und die Röllchen sorgfältig verschließen. Die übrigen Röllchen ebenso zubereiten.

5 So viel Öl in eine Pfanne mit hohem Rand gießen, dass es ca. 2 cm hoch darin steht. Erhitzen, bis an einem ins Öl getauchten Holzlöffelstiel Bläschen aufsteigen. 4 Röllchen hineingeben und in 1–3 Min. knusprig goldbraun ausba-cken, dabei mithilfe eines Löffels wenden. Mit einem Schaumlöffel herausnehmen und auf Küchenpapier abtrop-fen lassen. Diesen Vorgang noch zweimal wiederholen. Die Röllchen am besten mit den Fingern genießen.

SIGARA BÖREK –

SCHAFSKÄSERÖLLCHEN

**30 Min.
Ruhen**

**30 Min.
Zubereitung**

**Pro Stück
ca. 110 kcal**

SCHNITZELCHEN
MIT MAYO

KLEINE SCHNITZEL, GROSSER GENUSS

40 Min.
Zubereitung

Pro Stück
ca. 250 kcal

Für 18 Stück

Für die Mayonnaise:
1 Bio-Limette
250 g Mayonnaise
150 g Joghurt
Salz
Piment d'Espelette

Für die Schnitzel:
500 g Hähnchenbrustfilet
   (oder Schweinelende)
Salz | Pfeffer
150 g Knäckebrot
80 g Mehl
2 Eier (M)
ca. 8 EL Butterschmalz

Außerdem:
Fleischklopfer
Gefrierbeutel
Nudelholz

1 Für die Mayonnaise die Limette heiß waschen und trocken reiben. 2 TL Schale fein abreiben und 2 TL Saft auspressen. Beides mit Mayonnaise und Joghurt gut verrühren und mit Salz und Piment d'Espelette würzen. Abgedeckt kalt stellen.

2 Für die Schnitzel das Fleisch gegen die Faser in ca. 18 dünne Scheiben schneiden. Die Scheiben zwischen zwei Stücke Frischhaltefolie legen und mit einem Fleischklopfer plattieren. Auf beiden Seiten mit Salz und Pfeffer würzen. Das Knäckebrot in einen Gefrierbeutel füllen, mit einem Nudelholz fein mahlen und auf einen Teller geben. Das Mehl auf einen zweiten Teller geben. Die Eier in einem (tiefen) Teller gut verquirlen. Die Fleischscheiben nacheinander zuerst im Mehl wenden, dann in den Eiern und zum Schluss in den Knäckebrotbröseln.

3 Das Butterschmalz in einer breiten Pfanne erhitzen. Die Schnitzel portionsweise ins heiße Fett geben und auf jeder Seite in 2–3 Min. goldbraun ausbacken, dabei die Pfanne immer wieder leicht schwenken. Die Minischnitzel auf einem mit Küchenpapier belegten Kuchengitter abtropfen lassen und im Ofen warm halten. Mit der Mayonnaise servieren.

OBATZDA-GEWÜRZGURKEN

IM SPECKMANTEL

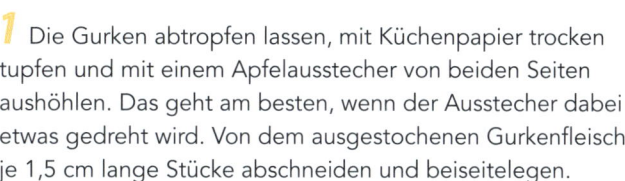

 30 Min.
Zubereitung

 Pro Stück
ca. 255 kcal

ECHT AUSGEFALLEN

Für 8 Stück

8 große, möglichst gerade
   Gewürzgurken (à ca. 70 g,
   mind. 3 cm ø)
250 g Obatzda (aus dem
   Kühlregal)
8 Scheiben Frühstücksspeck
   (ca. 80 g)
100 g Cornflakes
2 Eier (M)
4 EL Mehl
100 ml Öl zum Braten

Außerdem:
Apfelausstecher
Spritzbeutel mit mittelgroßer
   Tülle (ca. 1 cm ø)
Gefrierbeutel
Pfannenwender

1 Die Gurken abtropfen lassen, mit Küchenpapier trocken tupfen und mit einem Apfelausstecher von beiden Seiten aushöhlen. Das geht am besten, wenn der Ausstecher dabei etwas gedreht wird. Von dem ausgestochenen Gurkenfleisch je 1,5 cm lange Stücke abschneiden und beiseitelegen.

2 Den Obatzdn in einen Spritzbeutel geben und die Gurken damit füllen. Die Enden mit den Gurkenabschnitten sorgfältig verschließen. Um jede Gurke mittig und möglichst stramm 1 Speckstreifen wickeln. Die Enden gut andrücken. Die Cornflakes in einem Gefrierbeutel zerbröseln. Die Eier in einem tiefen Teller verquirlen, das Mehl auf einen zweiten und die Cornflakesbrösel auf einen dritten Teller geben. Die Gurken im Mehl wenden, durch das Ei ziehen, kurz abtropfen lassen und zum Schluss in den Cornflakes wenden, diese leicht andrücken.

3 Das Öl in einer großen Pfanne erhitzen und die Gurken darin schwimmend bei mittlerer Hitze in ca. 4 Min. rundherum goldbraun braten. Die Gurken mit einem Pfannenwender herausnehmen, auf Küchenpapier entfetten und sofort essen.

FLADENBROT-SALAT

MIT KIRSCHTOMATEN

25 Min.
Zubereitung

Pro Portion
ca. 425 kcal

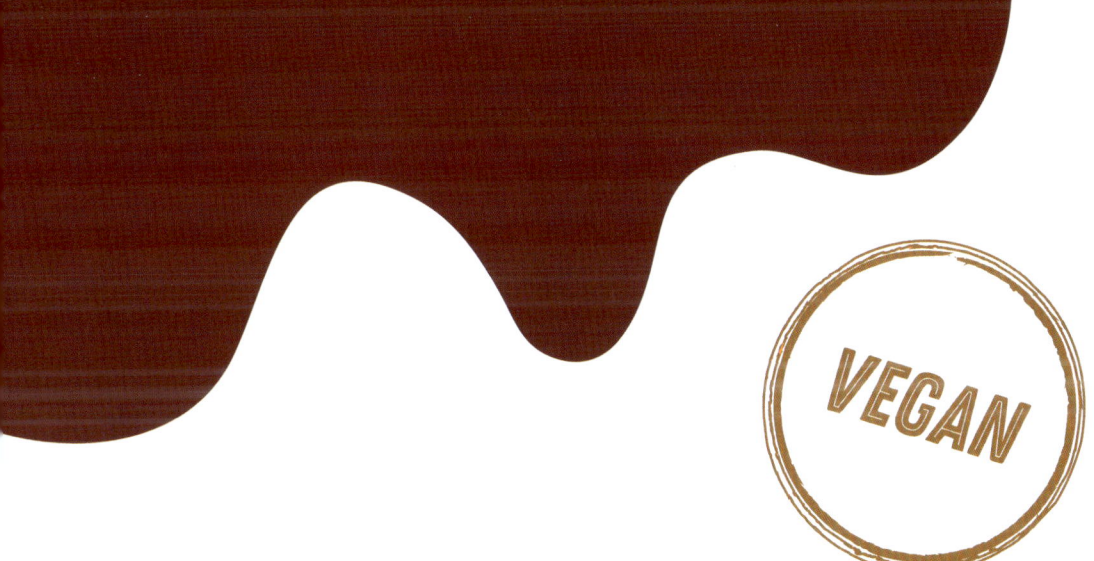

Für 4 Personen

1 große Knoblauchzehe
4 EL Zitronensaft
2 TL Tahin (Sesampaste)
Salz | Pfeffer
gemahlener Kreuzkümmel
12 EL Olivenöl
200 g Kirschtomaten
4 Frühlingszwiebeln
½ Salatgurke
2 Römersalatherzen
1 Bund Petersilie
6 Stängel Minze
2 kleine Pita-Fladenbrote

1 Den Knoblauch schälen und halbieren. Eine Servierschüssel mit den Schnittflächen ausreiben und den Knoblauch beiseitelegen. Den Zitronensaft in der Schüssel mit Tahin, Salz, Pfeffer und 1 großzügigen Prise Kreuzkümmel verrühren. Dann 8 EL Olivenöl unterschlagen.

2 Die Kirschtomaten waschen, je nach Größe halbieren oder vierteln und in die Schüssel geben. Die Frühlingszwiebeln putzen, waschen und mitsamt dem schönen Grün in feine Ringe schneiden. Die Gurke putzen und waschen oder schälen, dann längs vierteln und quer in Stücke schneiden. Mit den Frühlingszwiebeln in die Schüssel geben.

3 Die Salatherzen, falls nötig, von den äußeren Blättern befreien und bis kurz vor den Strunk in dünne Streifen schneiden. Die Streifen waschen und trocken schleudern. Petersilie und Minze waschen und trocken schütteln, die Blätter abzupfen und in feine Streifen schneiden. Mit den Salatstreifen in die Schüssel geben. Alles gut vermengen und bis zum Servieren ziehen lassen.

4 Die Fladenbrote in mundgerechte Würfel schneiden. Das übrige Olivenöl (4 EL) mit den beiseitegelegten Knoblauchhälften in einer beschichteten Pfanne erhitzen. Die Brotwürfel bei großer Hitze unter Rühren rundherum knusprig rösten, mit etwas Salz und 1 großzügigen Prise Kreuzkümmel würzen. Knoblauch entfernen und die Brotwürfel unter den Salat mengen. Den Fladenbrotsalat sofort genießen, damit die Brotwürfel knusprig bleiben.

ZWIEBELKUCHEN-TOASTIES

MIT SPECK

HERBSTLICH DEFTIG

15 Min.
Zubereitung

20 Min.
Backen

Pro Stück
ca. 130 kcal

Für 20 Stück

2 Zwiebeln
2 EL Öl
100 g Speckwürfel
½ TL gemahlener Kümmel
   (nach Belieben)
2 EL Aceto balsamico bianco
200 g saure Sahne
2 Eier (M)
100 g Bergkäse
Salz | Pfeffer
10 Scheiben Sandwichtoast

1 Den Backofen auf 200° vorheizen und ein Backblech mit Backpapier auslegen. Die Zwiebeln schälen und fein würfeln. Das Öl in einer Pfanne erhitzen und die Zwiebelwürfel sowie den Speck darin bei mittlerer Hitze glasig dünsten. Nach Belieben mit Kümmel würzen. Mit Essig ablöschen und die Pfanne vom Herd nehmen.

2 Die saure Sahne mit den Eiern verrühren. Den Bergkäse reiben und mit der Zwiebel-Speck-Mischung unter die Eiermasse heben. Die Mischung mit Salz (Vorsicht, der Speck ist möglicherweise recht salzig) und Pfeffer würzen.

3 Die Toastscheiben mit der Zwiebelmasse bestreichen und auf dem Backblech verteilen. Im heißen Ofen (Mitte) in 15–20 Min. goldbraun backen. Die Zwiebelkuchen-Toasties herausnehmen und einmal diagonal durchschneiden. Reinbeißen!

KNUSPRIGE ONION RINGS

MIT CAYENNE

30 Min.
Zubereitung

Pro Portion
ca. 355 kcal

TV-
KNABBEREI

Für 4 Personen

2 Gemüsezwiebeln
90 g Mehl
90 g Speisestärke
½ TL Cayennepfeffer
1 Ei (M)
Salz
300 ml eiskaltes kohlensäurehaltiges Mineralwasser
2 Eiswürfel

Außerdem:
1,5–2 l Frittieröl (z. B. Rapsöl)
Schaumlöffel

1 Die Gemüsezwiebeln schälen und in 8–10 mm dicke Scheiben schneiden. Die Scheiben in einzelne Ringe teilen.

2 In einem weiten, hohen Topf das Frittieröl auf 180° erhitzen.
Um zu prüfen, ob das Öl heiß genug ist, den Stiel eines Holzkochlöffels hineinhalten. Wenn sich an dem Stiel sofort Bläschen
bilden, ist die Temperatur ideal.

3 In einer Schüssel das Mehl mit Stärke und Cayennepfeffer
mischen. Das Ei dazugeben und kräftig unterrühren, mit Salz
würzen. Das Mineralwasser dazugießen und alles mit einem
Schneebesen zu einem glatten Teig verrühren. Die Eiswürfel in
den Teig geben (je kälter der Teig ist, umso knuspriger werden
die Onion Rings).

4 Die Zwiebelringe portionsweise durch den Teig ziehen, kurz
abtropfen lassen und im Öl in je ca. 3 Min. goldbraun und
knusprig frittieren. Mit einem Schaumlöffel herausnehmen und
auf Küchenpapier abtropfen lassen. Die Onion Rings mit Salz
würzen und sofort essen.

KNUSPER-KUGELN

Für 36 Stück

Für den Kartoffelteig:
400 g mehligkochende Kartoffeln
Salz
1 EL Butter
50 ml Milch
Pfeffer
frisch geriebene Muskatnuss
100 g Bergkäse

Für die Panade:
4 Stiele Basilikum
100 g Panko (jap. Semmelbrösel;
  Asialaden)
80 g Mehl
2 Eier (M)

Außerdem:
Kartoffelstampfer
1,5–2 l Frittieröl (z. B. Rapsöl)
Schaumlöffel

1 Die Kartoffeln schälen, waschen und grob würfeln. Kartoffelwürfel in reichlich Salzwasser in ca. 15 Min. gar kochen. Inzwischen Butter und Milch in einem Topf erwärmen, bis die Butter geschmolzen ist. Die Kartoffeln in ein Sieb abgießen und anschließend zurück in den Topf geben. Die Milch-Butter-Mischung dazugießen und alles mit einem Kartoffelstampfer glatt zermusen. Die Kartoffelmasse mit Salz, Pfeffer und Muskatnuss würzen. Abkühlen lassen.

2 Für die Panade das Basilikum waschen und trocken schütteln. Die Blätter abzupfen, fein hacken und mit dem Panko in einem Teller vermischen. Das Mehl auf einen zweiten Teller geben und die Eier in einem dritten (tiefen) Teller gut verquirlen.

3 Den Bergkäse grob reiben und mit der abgekühlten Kartoffelmasse mischen, nach Geschmack evtl. mit Salz und Pfeffer würzen. Aus dem Kartoffelteig mit leicht befeuchteten Händen ca. 36 walnussgroße Bällchen rollen. Diese nacheinander jeweils zuerst im Mehl rollen, dann in den Eiern und zum Schluss in der Pankomischung.

4 Das Frittieröl in einer Fritteuse oder einem kleinen hohen Topf auf 175° erhitzen. Es ist heiß genug, wenn an einem hineingehaltenen Holzkochlöffelstiel sofort Bläschen aufsteigen. 3–4 Bällchen auf einmal ins heiße Fett geben und in 50–60 Sek. goldbraun frittieren. Mit einem Schaumlöffel herausheben und auf einem mit Küchenpapier belegten Kuchengitter abtropfen lassen.

KARTOFFEL-KÄSE-BÄLLCHEN

MIT BASILIKUMPANADE

45 Min.
Zubereitung

15 Min.
Kochen

Pro Stück
ca. 55 kcal

ASIATISCH KNUSPRIG

Für 20 Stück

20 Blätter TK-Frühlingsrollenteig
   (12 × 12 cm; ca. 120 g)
150 g Weißkohl
½ TL Salz
200 g fester Tofu
1 Stück Ingwer (ca. 10 g)
1 Knoblauchzehe
2 EL Rapsöl
4 Frühlingszwiebeln
1 Möhre
1 Stange Staudensellerie
3 EL Hoisin-Sauce (Fertigprodukt)
1 EL Speisestärke

Außerdem:

1,5–2 l Frittieröl (z. B. Rapsöl)
Schaumlöffel
Sweet-Chili-Sauce (Fertigprodukt)
   zum Dippen

1 Die Teigblätter mit einem angefeuchteten Küchentuch abgedeckt in ca. 30 Min. auftauen lassen. Inzwischen den Weißkohl vom Strunk befreien, sehr fein hobeln, in einer Schüssel mit dem Salz vermischen und 3 Min. kräftig mit den Händen durchkneten. Den Tofu 1 cm groß würfeln. Ingwer und Knoblauch schälen und fein hacken. Das Öl in einer Pfanne erhitzen und den Tofu darin bei mittlerer Hitze rundherum in ca. 4 Min. goldbraun braten. Nach 3 Min. Ingwer und Knoblauch mitbraten. Alles herausnehmen und ca. 10 Min. abkühlen lassen.

2 Frühlingszwiebeln putzen, waschen und in feine Ringe schneiden. Möhre putzen, schälen, quer halbieren und längs in feine Streifen schneiden. Sellerie putzen, waschen, quer dritteln und längs in feine Streifen schneiden. Kohl gut ausdrücken, mit Tofu, Frühlingszwiebeln, Möhre, Sellerie und Hoisin-Sauce mischen.

3 Die Stärke mit 1 EL kaltem Wasser verrühren. Teigblätter auf die Arbeitsfläche legen und die Ränder mit der Stärke bestreichen. Je 1 EL Füllung auf das untere Drittel der Teigblätter geben. Die freien Teigränder von links und rechts über die Füllung schlagen, die Rollen von der Längsseite her eng aufrollen. Die Teigenden gut andrücken.

4 Das Frittieröl in einem weiten, hohen Topf auf 180° erhitzen. Die Frühlingsrollen darin portionsweise in ca. 3 Min. goldbraun ausbacken, mit einem Schaumlöffel herausheben und auf Küchenpapier abtropfen lassen. Mit der Sweet-Chili-Sauce zum Dippen genießen.

FRÜHLINGS-ROLLEN

MIT TOFU

1 Std. 10 Min.
Zubereitung

Pro Stück
ca. 75 kcal

TWISTER-KARTOFFELN

MIT PARMESANWÜRZE

KARTOFFELN
AM STIEL

30 Min.
Zubereitung

1 Std.
Backen

Pro Portion
ca. 370 kcal

Für 4 Personen

8 mittelgroße festkochende
    Kartoffeln (ca. 800 g)
50 g Parmesan
1 EL geräuchertes Paprika-
    pulver
½ TL Pfeffer
Salz
100 g Butter

Außerdem:
8 Holzspieße
Auflaufform

1 Die Kartoffeln waschen, trocken reiben und jede der Länge nach auf je 1 Spieß stecken. Die Kartoffeln mit einem sehr scharfen Messer vorsichtig spiralförmig um den Spieß herum in möglichst dünne Scheiben schneiden. Die Kartoffelspirale vorsichtig am Spieß entlang auseinanderziehen.

2 Den Backofen auf 200° vorheizen. Den Parmesan reiben, mit Paprikapulver, Pfeffer und 1 TL Salz mischen. Die Butter schmelzen. Die Spieße quer auf eine Auflaufform legen, sodass die Kartoffelspiralen locker über der Form hängen. Die Spiralen rundherum, auch in den Einschnitten, mit der Hälfte der Butter bestreichen und mit dem Parmesan-Gewürz-Mix bestreuen.

3 Die Kartoffeln im heißen Ofen (Mitte) ca. 1 Std. backen. Nach 30 Min. mit der übrigen Butter (50 g) bestreichen.

BUNTE GEMÜSECHIPS

MIT ROSMARINSALZ

30 Min.
Zubereitung

2 x 40 Min.
Backen

Pro Portion
ca. 130 kcal

VIEL BESSER ALS AUS DER TÜTE

Für 4 Personen

400 g Wurzelgemüse
  (z. B. Rote Bete, Pastinake,
  Möhre)
4 EL Olivenöl (ersatzweise
  Rapsöl)
1 Zweig Rosmarin
1 TL Meersalz

1 Den Backofen auf 140° vorheizen. Das Gemüse putzen, schälen und mit einem Gemüsehobel oder einem scharfen Messer in dünne Scheiben schneiden. Die Scheiben mit Küchenpapier gut trocken tupfen und in einer Schüssel mit dem Olivenöl vermischen. Zwei Backbleche mit Backpapier auslegen und die Gemüsescheiben nebeneinander (nicht aufeinander) darauf verteilen. Evtl. ist noch ein drittes Blech nötig.

2 Die Gemüsechips nacheinander backen. Dafür je ein Blech in den Ofen (Mitte) schieben (bei Verwendung von Umluft zwei Bleche gleichzeitig in den Ofen schieben). Einen Holzkochlöffelstiel in die Ofentür klemmen, damit Dampf entweichen kann. Die Chips in 30–40 Min. knusprig backen, dabei nach der Hälfte der Backzeit einmal wenden.

3 Inzwischen für das Rosmarinsalz den Rosmarin waschen und trocken tupfen. Die Nadeln abzupfen, fein hacken und mit dem Meersalz mischen. Fertige Gemüsechips aus dem Ofen nehmen und in einer Schüssel vorsichtig mit dem Salz mischen. Beim Abkühlen werden die Chips noch etwas knuspriger.

CHEESE FRITTERS

MIT HAFERFLOCKEN UND MAIS

30 Min.
Zubereitung

Pro Portion
ca. 515 kcal

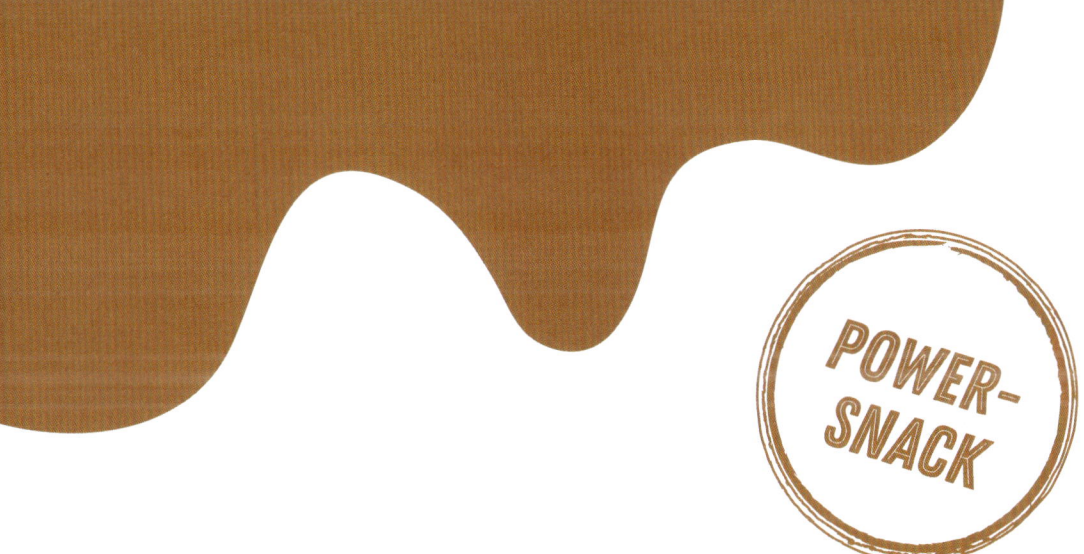

Für 4 Personen

300 ml Gemüsebrühe
150 g kernige Haferflocken
280 g Maiskörner (aus der Dose)
2 Frühlingszwiebeln
3 Knoblauchzehen
6 EL Weichweizengrieß
6 EL Mehl
2 Eier (M)
120 g geriebener Gratinkäse
2 TL edelsüßes Paprikapulver
2 TL getrockneter Oregano
Salz | Pfeffer

Außerdem:
ca. 0,5 l Frittieröl (z. B. Rapsöl)
Pfannenwender
Chilisauce (nach Belieben) zum
    Servieren

1 Die Brühe in einem Topf erhitzen. Die Haferflocken dazugeben und ca. 3 Min. quellen lassen. Den Mais in ein Sieb abgießen und abtropfen lassen. Die Frühlingszwiebeln putzen, waschen und in feine Ringe schneiden. Die Haferflocken in ein Sieb abgießen und etwas ausdrücken.

2 Haferflocken, Maiskörner und Frühlingszwiebeln in eine Schüssel geben. Den Knoblauch schälen und dazupressen. Grieß, Mehl, Eier, Käse, Paprikapulver und Oregano untermischen, mit Salz und Pfeffer würzen.

3 Aus der Masse 16 Fritters formen. Den Backofen auf 100° vorheizen. In einer Pfanne ca. 0,5 cm hoch Öl erhitzen. Die Fritters darin portionsweise bei mittlerer Hitze auf beiden Seiten goldbraun braten, dabei immer wieder etwas Öl dazugießen, sobald die Fritters Öl aufgesogen haben.

4 Die Fritters mit einem Pfannenwender herausheben und auf Küchenpapier entfetten. Fertige Fritters im Ofen warm halten. Wenn alle gebraten sind, werden sie – nach Belieben mit Chilisauce – verspeist.

VARIANTE:
Aus dem Rezept lassen sich auch tolle Patties für vegetarische Burger machen. Dafür einfach flache Fritters in Pattygröße formen und wie beschrieben im heißen Fett ausbacken.

AVOCADO FRIES
IN NUSSIGER PANADE

SUPERFOOD MAL ANDERS

25 Min.
Zubereitung

Pro Stück
ca. 165 kcal

Für 16 Stück

20 gehackte Haselnusskerne
100 g Panko (jap. Semmel-
   brösel; Asialaden)
50 g Mehl
Salz | Pfeffer
2 Eier (M)
2 feste Avocados
6 EL Butterschmalz

Außerdem:
Pfannenwender
Zitronenviertel (nach Belie-
   ben) zum Servieren
5 EL Sweet-Chili-Sauce
   (Fertigprodukt; nach
   Belieben)

1 Die gehackten Haselnüsse mit dem Panko in einem großen Teller mischen. Das Mehl auf einen zweiten Teller geben und mit Salz und Pfeffer würzen. Die Eier in einem dritten (tiefen) Teller gründlich verquirlen.

2 Die Avocados längs halbieren und jeweils den Kern entfernen. Die Avocadohälften schälen und jede Hälfte in 4 Spalten schneiden. Die Avocadospalten nacheinander zuerst im Mehl wenden, dann in den Eiern und zum Schluss in der Panko-Hasel-nuss-Mischung.

3 In einer Pfanne 3 EL Butterschmalz erhitzen. Die Hälfte der Avocadospalten darin bei mittlerer Hitze in ca. 2 Min. pro Seite goldgelb ausbacken, mit einem Pfannenwender herausheben und auf einem mit Küchenpapier belegten Kuchengitter abtropfen lassen. Übriges Butterschmalz (3 EL) in der Pfanne erhitzen und die restlichen Avocadospalten ebenso ausbacken. Die Avocado Fries nach Belieben mit Zitronensaft beträufeln und in Sweet-Chili-Sauce dippen.

CHICKEN NUGGETS

IN CORNFLAKESHÜLLE

40 Min.
Zubereitung

Pro Portion
ca. 130 kcal

KNUSPER-
WELT-
MEISTER

Für 20 Stück

100 g ungezuckerte Corn-
flakes
70 g gehackte Mandeln
80 g Dinkelmehl (Type 630)
Salz | Pfeffer
2 Eier (M)
250 g Hähnchenbrustfilet
6 EL Butterschmalz

Außerdem:
Pfannenwender

1 Die Cornflakes mit den Fingern grob zerbröseln und mit den Mandeln in einem großen Teller mischen. Das Mehl auf einen weiteren Teller geben und mit Salz und Pfeffer würzen. Die Eier in einem dritten (tiefen) Teller verquirlen.

2 Das Hähnchenfilet trocken tupfen und mit einem scharfen Messer in 16 Stücke (ca. 4 × 4 cm) schneiden. Die Filetstücke jeweils zuerst im Mehl, dann in den Eiern und zuletzt in der Cornflakes-Mandel-Mischung wenden.

3 In einer großen Pfanne 3 EL Butterschmalz erhitzen. Die Chicken Nuggets darin evtl. in 2 Portionen bei mittlerer Hitze in ca. 4 Min. pro Seite goldgelb ausbacken. Nach der Hälfte der Zeit das restliche Butterschmalz (3 EL) dazugeben. Die Nuggets mit dem Pfannenwender herausheben, auf Küchenpapier entfetten und heiß genießen.

FRITTIEREN AUF JAPANISCH

Für 4 Personen

Für den Rettichdip:
5 EL Sojasauce
5 EL Apfelsaft
80 ml Fischfond (aus dem Glas)
½ TL Zucker
1 Stück Ingwer (ca. 50 g)
150 g Rettich

Für die Tempura:
8 rohe Bio-Garnelen (ohne Kopf,
   bis auf die Schwanzflosse
   geschält)
4 kleine Austernpilze
4 Frühlingszwiebeln
2 Möhren
8 große Basilikumblätter
50 g Mehl
50 g Speisestärke
½ TL Backpulver
1 Eigelb (M)

Außerdem:
1,5–2 l Frittieröl (z. B. Rapsöl)
Schaumlöffel

1 Für den Rettichdip Sojasauce, Apfelsaft, Fischfond und Zucker in einem Topf verrühren. Bei mittlerer Hitze erwärmen, bis sich der Zucker aufgelöst hat. In vier Schälchen verteilen und kalt stellen. Ingwer und Rettich schälen, getrennt voneinander fein reiben, gut ausdrücken und zu je 4 Türmchen formen. Abgedeckt kalt stellen.

2 Für die Tempura die Garnelen entlang des Rückens mit einem spitzen Messer leicht einschneiden und den Darm herauslösen. Garnelen waschen und trocken tupfen. Die Pilze putzen. Die Frühlingszwiebeln putzen, waschen und in 8 cm lange Stücke schneiden. Möhren schälen und längs vierteln. Das Basilikum waschen und trocken tupfen.

3 Den Backofen auf 100° vorheizen, dabei ein Backblech hineinschieben (Mitte). In einem weiten, hohen Topf das Frittieröl auf 180° erhitzen.

4 Mehl, Stärke und Backpulver mischen. 200 ml eiskaltes Wasser mit dem Eigelb, dann mit der Mehlmischung nur kurz verrühren (Klümpchen sind okay). Die Garnelen nacheinander durch den Teig ziehen und im heißen Öl in 3–4 Min. knusprig frittieren. Mit einem Schaumlöffel herausheben, auf Küchenpapier abtropfen lassen und im Ofen warm halten. Das Gemüse ebenso panieren, frittieren und warm halten. Zum Schluss das Basilikum kurz frittieren.

5 Die Tempura auf Teller verteilen, dazu bekommt jede ein Dipschälchen und zum Nachwürzen des Dips je 1 Ingwer- und Rettichtürmchen.

KNUSPRIGE TEMPURA

MIT RETTICHDIP

50 Min.
Zubereitung

Pro Portion
ca. 295 kcal

FETA IM BACKTEIG

MIT TOMATENSALSA

**30 Min.
Zubereitung**

**Pro Portion
ca. 480 kcal**

GRIECHISCH INSPIRIERT

Für 4 Personen (12 Stück)

Für die Salsa:
600 g Tomaten
1 kleine Zwiebel
1 Knoblauchzehe
1 EL Olivenöl
50 g schwarze Oliven (entsteint)
Salz

Für den Feta:
2 Schafskäse (Feta; à 150 g
    Abtropfgewicht)
50 g Mehl
180 ml kohlensäurehaltiges Mine-
    ralwasser
Salz | Pfeffer
60 g Polenta (Maisgrieß)
1 TL gerebelter Oregano

Außerdem:
1,5–2 l Frittieröl (z. B. Rapsöl)
Schaumlöffel

1 Für die Salsa die Tomaten waschen, trocken tupfen, halbieren und entkernen. Das Fruchtfleisch ohne den Stielansatz in kleine Würfel schneiden. Die Zwiebel und den Knoblauch schälen und in feine Würfel schneiden.

2 Das Olivenöl in einer Pfanne erhitzen und die Zwiebel darin bei mittlerer Hitze glasig dünsten. Knoblauch und Tomaten hinzufügen und alles 6–7 Min. weiterdünsten. Nebenher die Oliven fein würfeln. Die Oliven unter die Tomatensalsa rühren und alles mit Salz würzen.

3 Den Feta trocken tupfen und in je 6 gleich große Stücke schneiden. Für den Backteig das Mehl mit dem Mineralwasser in einer Schüssel verquirlen, mit Salz und Pfeffer würzen. Den Maisgrieß und den Oregano in einer zweiten Schüssel mischen, mit Salz würzen. Die Fetastücke zuerst in den Backteig tauchen, etwas abtropfen lassen und dann im Maisgrieß wenden.

4 Das Frittieröl in einer Fritteuse oder einem hohen Topf auf 175° erhitzen. Es ist heiß genug, wenn an einem hineingehaltenen Holzkochlöffelstiel sofort viele Bläschen aufsteigen. Höchstens 3–4 Fetastücke auf einmal ins heiße Öl geben und in 1–2 Min. goldbraun frittieren. Mit einem Schaumlöffel herausnehmen und auf einem mit Küchenpapier belegten Kuchengitter abtropfen lassen. Mit der Tomatensalsa genießen.

KNUSPRIGE REISBÄLLCHEN

AUF ITALIENISCHE ART

50 Min.
Zubereitung

Pro Portion
ca. 405 kcal

VEGANE LECKEREI

Für 4 Personen

3 Möhren
2 große rote Paprika
½ Stange Lauch
100 g Sojacreme
1 TL Currypulver
1 TL edelsüßes Paprikapulver
1 EL getrocknete italienische
   Kräuter
Salz | Pfeffer
200 g Risotto-Reis
3 EL Kokosöl
80 g Semmelbrösel

Außerdem:
Pfannenwender

1 Die Möhren putzen, waschen und schälen. Paprika waschen, halbieren, weiße Trennwände und Kerne entfernen. Den Lauch putzen und gründlich waschen. Die Gemüse in sehr kleine Würfel schneiden.

2 In einem Topf 500 ml Wasser und die Sojacreme zum Kochen bringen. Currypulver, Paprikapulver, getrocknete Kräuter, Salz und Pfeffer einrühren. Den Risotto-Reis hinzufügen und unter ständigem Rühren 20–30 Min. köcheln lassen, bis eine cremige Reismasse entstanden ist. Abkühlen lassen.

3 In einer Pfanne 1 EL Kokosöl erhitzen. Das Gemüse dazugeben und anbraten. Den Reis mit dem gebratenen Gemüse in einer Schüssel mischen und mit den Händen verkneten. Aus der Reismasse 15–20 Bällchen formen und in den Semmelbröseln wälzen. Übriges Kokosöl (2 EL) in einer Pfanne erhitzen und die Bällchen darin rundherum knusprig braten. Mit einem Pfannenwender herausheben und auf Teller verteilen. Dazu schmeckt eine Tomatensauce oder ein frischer Dip.

AUBERGINEN

MIT KARTOFFEL-RAITA

INDISCH SNACKEN

30 Min.
Zubereitung

Pro Portion
ca. 375 kcal

Für 4 Personen

250 g Pellkartoffeln vom
   Vortag
½ TL Kreuzkümmelsamen
1 TL Öl
2 EL scharfes Mangochutney
   (aus dem Glas)
400 g griech. Joghurt
   (10 % Fett)
Salz | Pfeffer
2 Auberginen
200 g Mehl
1 TL Currypulver
1 EL Sesam
½ Bund Koriandergrün

Außerdem:
1,5–2 l Frittieröl (z. B. Rapsöl)
Schaumlöffel

1 Die Kartoffeln pellen und in ca. 0,5 cm große Würfel schneiden. Das Öl in einer kleinen Pfanne erhitzen und den Kreuzkümmel darin anrösten, bis er knistert. Den gerösteten Kreuzkümmel samt Öl sowie das Chutney unter den Joghurt rühren. Die Kartoffelwürfel unterheben. Die Raita mit Salz und Pfeffer würzen und zugedeckt kühl stellen.

2 Die Auberginen putzen und waschen. Dann in ca. 0,5 cm dicke Scheiben schneiden, auf Küchenpapier ausbreiten und salzen. Das Mehl mit 275 ml Wasser, Currypulver, Sesam und etwas Salz zu einem dickflüssigen Teig verrühren. Ca. 5 Min. quellen lassen, dann noch einmal durchrühren.

3 Das Öl in einem weiten Topf auf ca. 170° erhitzen. Auberginen trocken tupfen, portionsweise in den Teig tauchen und im heißen Fett unter Wenden 3–4 Min. ausbacken. Mit einem Schaumlöffel herausheben und auf Küchenpapier entfetten. Koriander waschen, trocken schütteln und hacken. Die Kartoffel-Raita damit bestreuen und zu den Auberginen essen.

BIG BITES DELIGHT

Du brauchst was Richtiges zu beißen?
Dann nichts wie ab in die Küche! Mit unseren
Hauptgerichten kann kein Lieferdienst der Welt
mithalten. Selbst gemacht schmeckt's
eben am besten.

KARTOFFEL-FLADEN AUS UNGARN

Für 4 Personen

Für die Fladen:
300 g vorwiegend festkochende
  Kartoffeln
200 ml Milch
4 EL Butter
Salz
400 g Mehl
2 Pck. Trockenhefe

Für den Belag:
160 g saure Sahne
1 große Knoblauchzehe
Salz | Pfeffer
80 g Bergkäse (am Stück)
4 Tomaten
2 EL Aceto balsamico bianco
100 g durchwachsene
  Speckwürfel
1 großes Bund Schnittlauch
  (nach Belieben)

Außerdem:
1,5–2 l Frittieröl (z. B. Rapsöl)

1 Für die Fladen die Kartoffeln waschen, in einem Topf knapp mit Wasser bedeckt zugedeckt bei kleiner Hitze in 20–25 Min. gar köcheln. Abgießen und kurz ausdampfen lassen, pellen und mit einer Gabel fein zerdrücken.

2 Milch und Butter in einem Topf erwärmen, Kartoffelbrei einrühren und salzen. Mehl in einer Schüssel mit der Hefe mischen. Die Kartoffelmischung dazugeben und alles mit den Händen in ca. 5 Min. zu einem glatten Teig verkneten. Teig zugedeckt an einem warmen Ort mindestens 1 Std. gehen lassen.

3 Für den Belag die saure Sahne mit 2 EL Wasser glatt rühren, Knoblauch schälen und dazupressen. Salzen und pfeffern. Den Käse fein reiben. Tomaten waschen, halbieren und entkernen, ohne die Stielansätze fein würfeln. Mit dem Essig mischen, salzen, pfeffern. Den Speck in einer Pfanne knusprig auslassen. Nach Belieben den Schnittlauch waschen, trocken schütteln und in Röllchen schneiden.

4 In einem weiten Topf das Frittieröl auf 180° erhitzen. Den Teig vierteln und jede Portion mit angefeuchteten Händen zu einem 2 cm dicken Fladen formen. Fladen nacheinander im Öl in 8–10 Min. goldbraun frittieren, dabei mehrmals wenden. Herausheben, auf Küchenpapier entfetten.

5 Die Fladen mit der sauren Sahne bestreichen, dann mit Bergkäse und Speck belegen. Die Tomaten und nach Belieben den Schnittlauch darüberstreuen. Die Langos in Streifen schneiden und am besten gleich reinbeißen.

LANGOS

NACH FLAMMKUCHEN-ART

25 Min.
Zubereitung

4 x 10 Min.
Frittieren

1 Std.
Gehen

Pro Portion
ca. 910 kcal

FALAFELN

MIT JOGHURT-SESAM-SAUCE

1 Std. 15 Min.
Zubereitung

Pro Portion
ca. 830 kcal

Für 4 Personen

Für die Falafeln:
400 g Kichererbsen
  (aus dem Glas)
1 große Knoblauchzehe
½ Bund Petersilie
½ Bund Koriandergrün
½ Bund Dill
1 TL Backpulver
Salz
1 TL gemahlener Kreuzkümmel
Cayennepfeffer
4 EL Zitronensaft
2 EL heller Sesam

Für die Sauce:
2 gehäufte EL Tahin (Sesampaste)
150 g Joghurt
1 EL Zitronensaft
Salz

Zum Servieren:
ein paar knackige Salatblätter
  (z. B. Eisbergsalat)
½ Granatapfel
300 g Hummus (Fertigprodukt)

Außerdem:
Mixer oder Blitzhacker
1 l Frittieröl (z. B. Rapsöl)
Schaumlöffel

1 Die Kichererbsen in ein Sieb abgießen und gut abtropfen lassen. Den Knoblauch schälen. Die Kräuter waschen und trocken schütteln, die Blätter bzw. Spitzen abzupfen. 1 EL Dill zum Garnieren beiseitestellen.

2 Knoblauch und Kräuter im Mixer oder portionsweise im Blitzhacker zu einer groben Paste pürieren und in eine Schüssel geben.

3 Backpulver, 1 gehäuften TL Salz, Kreuzkümmel, Cayennepfeffer und Zitronensaft zu der Mischung geben und gut unterkneten. Aus der Masse mit angefeuchteten Händen ca. 20 kleine Bällchen formen. Den Sesam in einen Teller geben und die Bällchen rundherum darin wälzen.

4 Für die Sauce Tahin mit Joghurt, 2–3 EL Wasser, Zitronensaft und 1 kräftigen Prise Salz verrühren. Die Salatblätter waschen und trocken tupfen. Die Kerne aus der Granatapfelhälfte lösen.

5 Das Frittieröl in einem hohen Topf erhitzen, bis an einem hineingetauchten Holzlöffel kleine Bläschen aufsteigen. Die Falafeln darin portionsweise in ca. 2 Min. hellbraun frittieren. Mit einem Schaumlöffel herausnehmen und auf mehreren Lagen Küchenpapier entfetten.

6 Die Salatblätter auf Teller verteilen und je 1 Klecks Hummus daraufgeben. Die Falafeln und etwas Sauce darauf anrichten. Zum Schluss mit den Granatapfelkernen und dem Dill bestreuen.

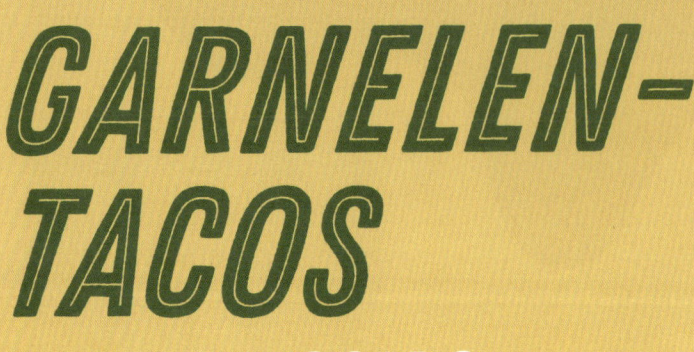

GARNELEN-TACOS

MIT AVOCADO

35 Min.
Zubereitung

Pro Portion
ca. 630 kcal

URLAUBS-
FEELING
GARANTIERT

Für 4 Personen

3 Tomaten
3 Limetten
2 Avocados
6 EL Olivenöl
Salz | Pfeffer
½ Bund Koriandergrün
1 kleiner Eisbergsalat
24 rohe Garnelen (küchenfertig,
   ohne Kopf und Schale)
2 Knoblauchzehen
Chiliflocken
12 harte Tacoschalen (»Taco
   Shells«)

1 Die Tomaten waschen, vierteln, von den Stielansätzen befreien und ca. 1 cm groß würfeln. 2 Limetten auspressen. Die Avocados längs halbieren, Kerne und Schale entfernen und das Fruchtfleisch ca. 1 cm groß würfeln. 2 EL Limettensaft mit 2 EL Öl verrühren, Tomaten- und Avocadowürfel darin wenden, salzen und pfeffern.

2 Koriandergrün waschen, trocken schütteln, Blätter abzupfen und hacken. 2 EL davon unter die Tomaten-Avocado-Mischung mengen, den Rest beiseitelegen. Salat putzen, in Blätter teilen, waschen, trocken schleudern und in sehr feine Streifen schneiden. Garnelen trocken tupfen. Knoblauch schälen und in dünne Scheiben schneiden.

3 Übriges Öl (4 EL) in einer beschichteten Pfanne oder einem Wok erhitzen. Knoblauch und Garnelen hineingeben und bei starker Hitze unter Rühren ca. 3 Min. braten. Chiliflocken (Menge nach Geschmack, lieber erst mal vorsichtig dosieren) und 2 EL Limettensaft dazugeben und alles bei mittlerer Hitze noch 2 Min. garen. Vom Herd nehmen und 2 EL Koriandergrün unterrühren.

4 Die übrige Limette heiß waschen, trocken tupfen und achteln. Salatstreifen auf die Tacoschalen verteilen und die Tomaten-Avocado-Mischung daraufgeben. Je 2 Garnelen obenauf legen (mit oder ohne Knoblauch) und nach Geschmack etwas Öl aus der Pfanne darüberträufeln. Die Füllung mit dem übrigen Koriandergrün bestreuen und die Tacos sofort mit den Limettenstücken servieren, jeder träufelt sich nach Geschmack Limettensaft darauf.

VIEL KNUSPER, WENIG FETT

Für 4 Personen

Für den Fisch:
8 EL Panko (jap. Semmelbrösel;
   Asialaden)
4 EL Mehl
Salz | Pfeffer
2 Eier (M)
400 g Fischfilet (z. B. Kabeljau,
   Rotbarsch, Seelachs)
4 EL Butterschmalz

Für die Burger:
½ große Salatgurke
Salz
1 rote Chilischote
6 EL Mayonnaise
2 Knoblauchzehen
4 Burger-Brötchen

Außerdem:
Sparschäler
Pfannenwender

1 Für den Fisch Panko und Mehl auf je einen großen Teller geben, das Mehl mit Salz und Pfeffer würzen. Die Eier in einem dritten (tiefen) Teller gründlich verquirlen. Den Fisch kalt abbrausen, trocken tupfen und evtl. verbliebene Gräten entfernen. Das Filet in 4 Stücke schneiden. Die Stücke zuerst im Mehl, dann in den Eiern und zuletzt im Panko wenden.

2 Für die Burger die halbe Gurke waschen und mit einem Sparschäler längs in dünne Streifen schneiden, dabei das Kerngehäuse nicht verwenden. Die Streifen in einem Sieb mit ½ TL Salz mischen, leicht durchkneten und ziehen lassen. Die Chilischote waschen, halbieren und entkernen. Die Hälften fein hacken und mit der Mayonnaise verrühren. Den Knoblauch schälen und dazupressen. Die Mayonnaise mit Salz würzen.

3 Die Burger-Brötchen waagerecht halbieren und die Schnittflächen in einer heißen großen Pfanne ohne Fett nacheinander kurz anrösten.

4 Das Butterschmalz in der Pfanne erhitzen und die Fisch-stücke darin bei mittlerer Hitze von jeder Seite in ca. 5 Min. goldgelb braten. Mit einem Pfannenwender herausnehmen und auf Küchenpapier entfetten. Die Schnittflächen der Brötchen mit der Mayonnaise bestreichen und je 1 Fischfilet auf die Unterseite legen. Die Gurkenstreifen leicht ausdrü-cken und daraufschichten. Die Oberseiten der Brötchen auflegen und die Burger sofort essen.

FISCH-BURGER

MIT KNOBLAUCHMAYO

40 Min.
Zubereitung

Pro Portion
ca. 630 kcal

FLADENBROT-PIZZA

TEXMEX-STYLE

10 Min.
Zubereitung

2 x 12 Min.
Backen

Pro Portion
ca. 420 kcal

FIXER ALS DER PIZZA-FLITZER

Für 4 Personen

1 Dose Kidneybohnen
(240 g Abtropfgewicht)
1 kleine Dose Mais
(140 g Abtropfgewicht)
½ rote Paprika
325 g Tomatensauce (aus
dem Glas)
2 EL Limettensaft
1 TL Agavendicksaft
½ TL gemahlener Kreuz-
kümmel
½ TL Cayennepfeffer
Salz | Pfeffer
1 türk. Fladenbrot
2 Kugeln Mozzarella (à 125 g)
2 EL Jalapeño-Ringe (aus
dem Glas)
1 Bund Koriandergrün (nach
Belieben)
2 EL Olivenöl

1 Den Ofenrost in den Backofen (Mitte) schieben und den
Ofen auf 200° vorheizen. Die Bohnen in ein Sieb abgießen, kalt
abspülen und abtropfen lassen. Den Mais ebenfalls in einem
Sieb abtropfen lassen. Die Paprika waschen, Trennwände und
Kerne entfernen und die Hälfte in feine Streifen schneiden.

2 Die Tomatensauce mit Limettensaft, Agavendicksaft und den
Gewürzen verrühren. Mit Salz und Pfeffer würzen. Das Fladenbrot waagerecht halbieren und die Schnittflächen mit Tomatensauce bestreichen. Den Mozzarella in Scheiben schneiden
und gleichmäßig auf die Brote verteilen. Bohnen, Mais, Paprika
und Jalapeño-Ringe ebenfalls gleichmäßig darauf verteilen.
Die Brot-Pizzen nacheinander auf dem mit Backpapier belegten
Ofenrost je 10–12 Min. überbacken.

3 Inzwischen nach Belieben Koriander waschen, trocken schütteln, die Blätter abzupfen und nach Wunsch hacken. Die
fertigen Pizzas mit Olivenöl beträufeln und etwas Pfeffer grob
darübermahlen. Die Brot-Pizzas nach Belieben mit dem Koriander bestreuen, in Stücke schneiden und essen. Dazu passen
Guacamole und Tortillachips.

FLAMMKUCHEN

MIT APFEL, LAUCH UND HASELNÜSSEN

20 Min.
Zubereitung

2 x 15 Min.
Backen

Pro Portion
ca. 685 kcal

OFEN-
FRISCHER
KNUSPER-
SNACK

Für 4 Personen

2 Pck. Flammkuchenteig
   (à 260 g; Kühlregal;
   40 × 24 cm)
400 g Crème fraîche
1 dicke Stange Lauch
1 großer roter Apfel
8 getrocknete Tomaten (in Öl)
4 Zweige Thymian
Salz | Pfeffer
4 EL Haselnusskerne
1 große Handvoll Feldsalat

1 Den Backofen auf 220° vorheizen. Beide Flammkuchenteige mitsamt Backpapier auf je einem Blech ausrollen und mit Crème fraîche bestreichen. Lauch putzen und in 3–4 mm dünne Ringe schneiden. In einem Sieb waschen und abtropfen lassen. Apfel waschen, trocken tupfen und vierteln. Stiel und Kerngehäuse entfernen und die Viertel in 3–4 mm dünne Scheiben schneiden. Lauchringe und Apfelscheiben auf der Crème fraîche verteilen.

2 Tomaten abtropfen lassen, fein würfeln und auf dem belegten Teig verteilen. Thymian waschen und trocken schütteln, Blättchen abzupfen und daraufstreuen, salzen und pfeffern. Den ersten Flammkuchen im Ofen (Mitte) ca. 15 Min. backen. Inzwischen die Haselnüsse grob hacken. Nach ca. 10 Min. Backzeit die Hälfte der Nüsse auf den Flammkuchen streuen.

3 Während der Backzeit Feldsalat putzen, in einzelne Blätter teilen, waschen und trocken tupfen. Den Flammkuchen mit der Hälfte der Blätter bestreuen, vierteln und essen, während der zweite Flammkuchen im Ofen (Mitte) 15 Min. gebacken und nach ca. 10 Min. mit den übrigen Nüssen bestreut wird. Herausholen, mit dem übrigen Feldsalat bestreuen und essen.

RÖSTKICHERERBSEN

MIT BLUMENKOHL

45 Min.
Zubereitung

Pro Portion
ca. 645 kcal

Für 4 Personen

1 kleiner Blumenkohl
1 Dose Kichererbsen
   (260 g Abtropfgewicht)
2 EL Olivenöl
Salz | Pfeffer
1 geh. TL geräuchertes
   Paprikapulver
¼ TL gemahlener Kreuzkümmel
1 Avocado
2 EL Zitronensaft
1 Knoblauchzehe
100 g Joghurt
2 EL Cashewmus
4 kleine Pita-Brote
2 EL gehackte Petersilie

Außerdem:
Pürierstab

1 Den Backofen auf 225° vorheizen. Den Blumenkohl waschen, abtropfen lassen und in sehr kleine Röschen teilen. Die Kichererbsen in ein Sieb abgießen, kalt abspülen, gut abtropfen lassen und trocken tupfen. Das Öl mit Salz, Pfeffer, Paprikapulver und Kreuzkümmel verrühren. Blumenkohl und Kichererbsen gut untermischen und alles auf einem mit Backpapier belegten Backblech verteilen. Im heißen Ofen ca. 35 Min. rösten, nach ca. 20 Min. einmal gut durchrühren.

2 Die Avocado halbieren, den Stein entfernen und das Fruchtfleisch mit einem Löffel aus der Schale lösen. Mit 1 EL Zitronensaft zu einer feinen Paste zerdrücken. Mit Salz und Pfeffer abschmecken.

3 Den Knoblauch schälen und grob zerteilen. Joghurt, Knoblauch, Cashewmus und übrigen Zitronensaft (1 EL) in einer Schüssel mit dem Pürierstab zu einem feinen Dip pürieren. Mit Salz und Pfeffer abschmecken.

4 Die Pita-Brote im Toaster rösten. Die Avocadocreme auf den Broten verteilen und mit Kichererbsen und Blumenkohl belegen. Etwas Joghurtdip daraufgeben und mit Petersilie bestreuen. Übrigen Joghurt-Dip extra dazu servieren.

TIPP:

Die Röstkichererbsen sind solo ein toller Knabbersnack. Dafür nur die Kichererbsen mit dem Würzöl mischen und im Ofen rösten. Sofort knabbern oder auskühlen lassen.

RÖSTI-BURGER

MIT RUCOLA

45 Min.
Zubereitung

2 x 12 Min.
Braten

Pro Portion
ca. 285 kcal

KARTOFFEL-PUFFER MAL ANDERS

Für 4 Personen

500 g vorwiegend fest-
kochende Kartoffeln
1 große Schalotte
2 Zweige Thymian
2 EL Mehl
2 Eigelb (M)
Salz | Pfeffer
2 Tomaten (ca. 140 g)
50 g Rucola
40 g junger Pecorino
3 EL Olivenöl
4 TL Salatmayonnaise

1 Die Kartoffeln waschen, schälen, trocken tupfen und grob raspeln. Falls sich dabei Flüssigkeit bildet, diese ausdrücken und abgießen. Die Schalotte schälen und fein würfeln. Den Thymian waschen, trocken schütteln, Blättchen abzupfen und mit Kartoffeln, Schalotte, Mehl und Eigelben mischen. Mit Salz und Pfeffer würzen.

2 Die Tomaten waschen und ohne Stielansätze in Scheiben schneiden. Rucola waschen, trocken schütteln und von groben Stielen befreien. Pecorino hobeln. Das Öl in einer großen Pfanne erhitzen. Die Kartoffelmasse in 8 Portionen teilen und je nach Größe der Pfanne alle Puffer oder nur 4 Stück mit Abstand hineingeben und mit etwas Öl beträufeln. Die Puffer in 10–12 Min. knusprig braten, dabei nach der Hälfte der Zeit wenden. Falls nicht alle Puffer in die Pfanne gepasst haben, die zweite Portion ebenso braten.

3 Auf die Hälfte der Kartoffelpuffer je 1 TL Mayonnaise und etwas Pecorino geben. Mit je 1–2 Tomatenscheiben belegen, mit Salz und Pfeffer würzen. Rucola und übrige Kartoffelpuffer darauf verteilen. Mit dem übrigen Pecorino garnieren.

KÄSEFONDUE

AUS DER HOLZSCHACHTEL

35 Min.
Zubereitung

Pro Portion
ca. 870 kcal

EIN BESONDERER GENUSS

Für 4 Personen

2 reife Vacherin Mont d'or
  (in der Holzschachtel;
  à ca. 400 g)
4 Knoblauchzehen
150 ml milder Apfelsaft
1 Baguette
2 Zweige Rosmarin
60 g Butter
Salz

1 Den Backofen auf 200° vorheizen. Die beiden Käse, falls sie in Folie eingepackt sind, auswickeln und direkt in die Holzschachtel legen. Die Schachteln von unten in Alufolie wickeln. Den Knoblauch schälen und in dünne Stifte schneiden. Die Käse mehrmals mit einem Messer einritzen und die Knoblauchstifte in die Einschnitte stecken.

2 Den Apfelsaft über beide Käse träufeln. Die Schachteln in den heißen Backofen (Mitte) stellen und den Käse 20–25 Min. erhitzen, bis er richtig schön cremig ist.

3 Inzwischen das Baguette quer halbieren, die Hälften längs vierteln (dicke Stangen sechsteln). Rosmarin waschen und trocken schütteln, die Nadeln abstreifen und fein hacken. Die Butter in einer großen Pfanne schmelzen und den Rosmarin dazugeben. Das Baguette in der Butter rundherum goldbraun braten, auf Küchenpapier abtropfen lassen und salzen.

4 Die Käseschachteln aus dem Ofen nehmen und auf einen hitzefesten Untersetzer auf den Tisch stellen. Das Brot in den Käse tauchen. Dazu passen saure Gurken – ganz klassisch.

SCHÖN WÜRZIG

Für 4 Personen (12 Stück)

Für die Krapfen:
400 g mehligkochende Kartoffeln
Salz
30 g Butter
50 g Mehl
1 Ei (M)
50 g durchwachsener Speck
1 EL Olivenöl
1 Frühlingszwiebel
20 g frisch geriebener Parmesan
Pfeffer

Für die Avocadomayo:
1 reife Avocado
½ Knoblauchzehe
2 EL Zitronensaft
2 EL Mayonnaise
Salz | Pfeffer

Außerdem:
Kartoffelpresse
1,5–2 l Frittieröl (z. B. Rapsöl)
Schaumlöffel

1 Für die Krapfen die Kartoffeln schälen, vierteln und knapp mit Salzwasser bedeckt in ca. 20 Min. weich garen. Inzwischen die Butter würfeln und in einem kleinen Topf mit 100 ml Wasser und ½ TL Salz aufkochen. Sobald sie geschmolzen ist, das Mehl auf einmal dazugeben und die Masse kräftig mit einem Kochlöffel rühren, bis sich der Teig zu einem Kloß zusammenballt. Den Topf vom Herd nehmen und den Teig etwas abkühlen lassen.

2 Das Ei unter den Teig rühren. Den Speck ohne Schwarte fein würfeln und im Öl knusprig braten. Frühlingszwiebel putzen, waschen und fein hacken. Die Kartoffeln in ein Sieb abgießen, kurz ausdampfen lassen, heiß durch die Kartoffelpresse drücken und mit Speck, Frühlingszwiebel und Parmesan unter den Teig rühren. Alles salzen und pfeffern.

3 Für die Avocadomayo die Avocado halbieren, den Stein entfernen und das Fruchtfleisch mit einem Löffel herauslösen. Knoblauch schälen und mit Avocado, Zitronensaft und Mayonnaise fein pürieren, salzen und pfeffern.

4 Das Frittieröl in einem großen Topf auf 175° erhitzen. Einen Esslöffel kurz ins heiße Fett tauchen, ein walnussgroßes Stück Kartoffelmasse damit abstechen und dicht über der Oberfläche mit dem Daumen ins Öl schieben. So zügig 6 Krapfen formen und in 4–5 Min. goldbraun ausbacken, dabei einmal wenden. Fertige Krapfen mit einem Schaumlöffel herausheben und auf Küchenpapier entfetten. Den restlichen Teig ebenso formen und ausbacken. Die Krapfen sofort mit der Mayo genießen.

KARTOFFEL-KRAPFEN

MIT AVOCADOMAYO

1 Std.
Zubereitung

Pro Portion
ca. 565 kcal

Für 4 Personen

Für das Püree:
800 g mehligkochende Kartoffeln
6 Möhren
Salz | Pfeffer
100 g Pflanzencreme
frisch geriebene Muskatnuss

Für die Sellerieschnitzel:
1 große Knolle Sellerie
50 g Mehl
70 ml Pflanzenmilch
1 TL geräuchertes Paprikapulver
1 TL Knoblauchpulver
Salz | Pfeffer
50 g Semmelbrösel

Außerdem:
Kartoffelstampfer
4 EL Öl zum Braten
Pfannenwender

1 Für das Püree die Kartoffeln schälen und in kleine Stücke schneiden. Die Möhren putzen, schälen und ebenfalls in Stücke schneiden. In einem Topf Wasser aufkochen, salzen und die Kartoffel- und Möhrenstücke darin in 15–20 Min. weich kochen.

2 Die Gemüse abgießen. Salz, Pfeffer, Pflanzencreme und 1 Prise Muskatnuss hinzufügen und alles mit dem Kartoffelstampfer zu einem cremigen Püree verarbeiten. Bei Bedarf etwas Wasser hinzufügen.

3 Für die Schnitzel den Sellerie schälen, waschen, halbieren und in 1–1,5 cm dicke Scheiben schneiden. Das Mehl auf einen großen Teller geben. In einem zweiten, eher tiefen Teller die Pflanzenmilch mit Paprikapulver, Knoblauchpulver, Salz und Pfeffer verrühren. Die Semmelbrösel auf einen dritten Teller geben. Die Selleriescheiben zuerst im Mehl, anschließend in der Pflanzenmilch-Mischung und zuletzt in den Semmelbröseln wenden. Die Panade von allen Seiten gut andrücken.

4 Das Öl in einer großen Pfanne erhitzen. Die Sellerieschnitzel darin bei mittlerer Hitze von beiden Seiten in 5–7 Min. goldgelb braten. Mit einem Pfannenwender herausheben, auf Teller verteilen und mit dem Kartoffel-Möhren-Püree genießen.

SELLERIE-SCHNITZEL

MIT KARTOFFEL-MÖHREN-PÜREE

45 Min.
Zubereitung

Pro Portion
ca. 340 kcal

BULGOGI-TACOS

MIT RINDERSTEAK

30 Min.
Zubereitung

2 Std.
Marinieren

Pro Portion
ca. 580 kcal

Für 4 Personen

4 Knoblauchzehen
1 Stück Ingwer (6 cm lang)
2 rote Chilischoten
8 Frühlingszwiebeln
1 großer Apfel
4 EL Sojasauce
2 EL geröstetes Sesamöl
2 EL Zucker
1 TL Pfeffer
500 g Rinderhüftsteak
6 Radieschen
1 große Möhre
4 Stängel Koriandergrün
1 großes Blatt Weißkohl
Salz
2 EL Erdnussöl
12 harte Tacoschalen
   (»Taco Shells«)

1 Knoblauch und Ingwer schälen. Die Chilischoten waschen, halbieren und entkernen. Alles fein würfeln. 4 Frühlingszwiebeln putzen, waschen und in feine Ringe schneiden. Apfel waschen, vierteln, entkernen und grob raspeln. Alle vorbereiteten Zutaten mit Sojasauce, Sesamöl, Zucker und Pfeffer mischen. Das Steak in 1–2 cm breite Streifen schneiden, mit der Marinade mischen und ca. 2 Std. zugedeckt marinieren lassen.

2 Die übrigen 4 Frühlingszwiebeln putzen, waschen und in feine Ringe schneiden. Radieschen putzen und waschen, Möhre putzen und schälen und beides in dünne Streifen schneiden. Koriandergrün waschen und trocken schütteln, die Blätter abzupfen. Kohlblatt waschen, trocken tupfen und in dünne Streifen schneiden, mit etwas Salz verkneten.

3 Den Backofen auf 160° vorheizen und den Rost mit Backpapier auslegen. Das Erdnussöl in einer großen Pfanne erhitzen. Das Fleisch mitsamt der Marinade hineingeben und bei mittlerer Hitze 6–7 Min. braten, bis es gar und rundherum von einer dicklichen Sauce überzogen ist. Mit Salz würzen.

4 Die Tacoschalen auf den Rost legen und im Ofen (Mitte) in 3–4 Min. heiß werden lassen. Herausnehmen und sofort zunächst mit den Möhren- und Kohlstreifen, dann mit dem Fleisch füllen. Mit den Frühlingszwiebeln, den Radieschen und dem Koriander garnieren und servieren.

FILOTEIG-PIE

MIT SPINAT UND FETA

25 Min.
Zubereitung

35 Min.
Backen

Pro Stück
ca. 320 kcal

GRUSS AUS GRIECHENLAND

Für 1 Springform (28 cm Ø; 8 Stücke)

1 Bio-Zitrone
2 Stangen Lauch
200 g Blattspinat
2 Knoblauchzehen
100 g getrocknete Datteln
 (entsteint)
100 g Butter
Salz
1 TL Zaatar (arab. Gewürz-
 mischung; Orientladen)
Pfeffer
1 Packung Filoteig (250 g,
 10 Blätter à 30 × 30 cm;
 aus dem Kühlregal)
200 g Schafskäse (z. B. Feta)
2 EL Sesam

1 Zitrone heiß waschen, abtrocknen, die Schale abreiben und den Saft auspressen. Lauch putzen, sorgfältig waschen und in Ringe schneiden. Spinat verlesen, waschen und trocken schleudern, grobe Stiele entfernen. Knoblauch schälen und fein würfeln. Datteln in Scheiben schneiden.

2 Zitronensaft, 50 ml Wasser, Knoblauch, 20 g Butter und 1 Prise Salz in einem Topf erhitzen. Den Lauch dazugeben und ca. 7 Min. dünsten. Den Spinat hinzufügen und unter Rühren zusammenfallen lassen. Das Gemüse in ein Sieb abgießen, ausdrücken und grob hacken. Gemüse, Datteln und Zaatar mischen, mit Salz und Pfeffer würzen.

3 Den Backofen auf 200° vorheizen und die übrige Butter (80 g) schmelzen. Alle Teigblätter mit Butter bestreichen. 1 Teigblatt in die Form legen, sodass es an einer Seite 5 cm über den Rand hängt. Das nächste Blatt leicht versetzt darauflegen. Auf diese Weise noch 7 Blätter in die Form legen, bis der Boden bedeckt ist und rundherum ein geschlossener Rand übersteht. Das letzte Teigblatt in die Mitte der Form legen.

4 Den Käse abtropfen lassen und fein zerbröseln. Mit Zitronenschale und Sesam mischen und auf dem Teigboden verteilen. Das Gemüse daraufgeben und den überstehenden Teig nach innen über das Gemüse klappen. Die Pie im Ofen (Mitte) in 30–35 Min. goldbraun backen. Herausnehmen, in 8 Stücke schneiden und warm genießen.

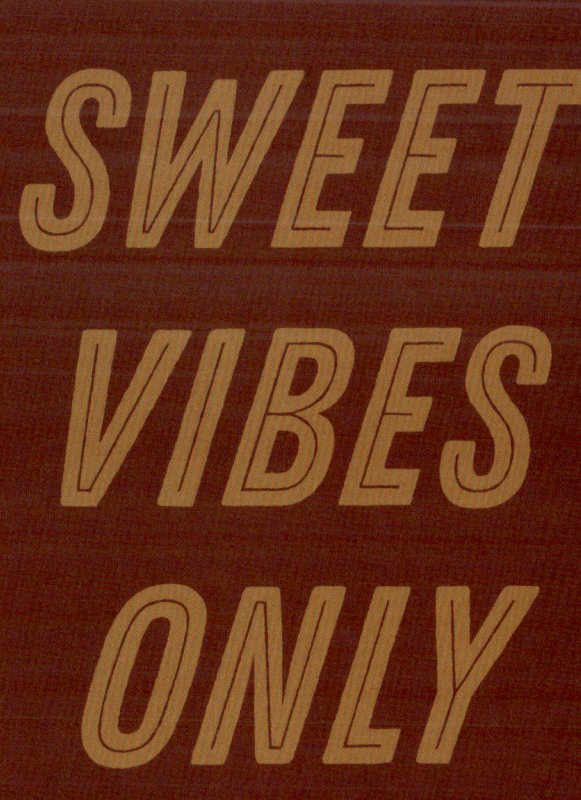

SWEET VIBES ONLY

Willst du dir mit Soulfood deinen
Tag versüßen? Knusprige Candys wie Chocolate
Bars oder Churros sorgen ganz bestimmt
für gute Vibes. Mach dich bereit für absolute
Gute-Laune-Kracher!

BLÄTTERTEIG-SCHNECKEN

MIT CRANBERRYS

25 Min.
Zubereitung

45 Min.
Tiefkühlen

20 Min.
Backen

Pro Stück
ca. 360 kcal

Für 8 Stück

50 g getrocknete Cranberrys
250 g Frischkäse
40 g Zucker
50 g gehackte Mandeln
1 TL Zimtpulver
1 Rolle Blätterteig (275 g;
   aus dem Kühlregal)
150 g Zartbitterkuvertüre
   (ca. 55 % Kakaoanteil)
30 g Mandelblättchen

1 Bei Bedarf die Cranberrys klein hacken. Den Frischkäse mit Zucker, gehackten Mandeln, Cranberrys und Zimt in einer Schüssel gut verrühren.

2 Den Blätterteig mit dem Papier auf der Arbeitsfläche ausbreiten und gleichmäßig mit der Cranberry-Frischkä-se-Masse bestreichen. Dabei die Ränder frei lassen. Den Teig von der schmalen Seite her fest aufrollen. Die Rolle im Tiefkühlfach ca. 45 Min. kühlen.

3 Den Backofen auf 180° vorheizen und ein Backblech mit Backpapier auslegen. Die angefrorene Rolle in 8 ca. 2 cm dicke Scheiben schneiden. Diese mit etwas Abstand zueinander auf das Backblech legen. Das Blech in den Ofen (Mitte) schieben und die Schnecken in 18–20 Min. gold-braun backen. Herausnehmen und etwas abkühlen lassen.

4 Die Zartbitterkuvertüre in eine Metallschüssel geben und über einem heißen Wasserbad schmelzen. Die Schnecken mit einer Seite kurz eintunken. Den schokoladigen Teil sofort mit Mandelblättchen bestreuen, die Schnecken auf Backpapier absetzen und die Schokoglasur fest werden lassen. Dann reinbeißen!

FRIED CHOCOLATE BARS

FÜR SCHOKOHOLICS

30 Min.
Zubereitung

20 Min.
Quellen

Pro Portion
ca. 770 kcal

GRUSS AUS
SCHOTTLAND

Für 4 Personen

1 Ei (M)
2 EL Zucker
Salz
50 ml Malzbier
100 g Mehl
200 g Sahne
1 Pck. Bourbonvanillezucker
50 g Zartbitterschokolade
4 Schokoriegel (z. B. Snickers,
   Milky Way, Mars)
2 EL Haselnusskrokant

Außerdem:
Handrührgerät
Spritzbeutel mit kleiner
   Sterntülle (1 cm Ø)
500 ml Frittieröl (z. B. Rapsöl)
Schaumlöffel

1 Das Ei mit dem Zucker und 1 Prise Salz in eine Schüssel geben und mit den Rührbesen des Handrührgeräts in ca. 8 Min. hellcremig schlagen. Das Malzbier nach und nach dazugießen und gut unterrühren, 70 g Mehl nur locker unterheben. Den Teig ca. 20 Min. quellen lassen.

2 Übriges Mehl (30 g) auf einen großen Teller häufen. In einem Topf 50 g Sahne mit dem Vanillezucker erwärmen. Die Schokolade hineinbröckeln und unter Rühren schmelzen. Übrige Sahne (150 g) steif schlagen und in den Spritzbeutel füllen, kalt stellen.

3 In einem weiten Topf das Frittieröl auf 180° erhitzen. Die Schokoriegel nach und nach in dem Mehl wenden, dann mithilfe von zwei Gabeln durch den Teig ziehen und in das Öl gleiten lassen. Immer nur 1 Riegel in ca. 4 Min. goldbraun und knusprig frittieren, dabei einmal wenden. Mit einem Schaumlöffel herausheben und auf Küchenpapier entfetten.

4 Die Fried Chocolate Bars auf Schälchen verteilen, mit der Sahne garnieren, mit der Schokosauce beträufeln und zuletzt mit dem Krokant bestreuen. Absolut megalecker!

CHURROS

CON CHOCOLATE

🥄 **30 Min.**
Zubereitung

✗ **Pro Portion**
ca. 400 kcal

KNUSPRIGE SPANIER

Für 4 Personen (16 Stück)

1 EL Olivenöl
1 Prise Zimtpulver
Salz
150 g Mehl
50 g feinster Zucker
50 g Sahne
1 Pck. Bourbonvanillezucker
50 g Zartbitterschokolade

Außerdem:
Spritzbeutel mit kleiner
  Sterntülle (1 cm Ø)
500 ml Frittieröl (z. B. Rapsöl)
Schaumlöffel

1 In einem Topf 200 ml Wasser mit Olivenöl, Zimt und 2 Prisen Salz zum Kochen bringen. Das Mehl dazugeben, dabei alles mit einem Holzlöffel kräftig im heißen Topf rühren, bis sich eine glatte Teigkugel gebildet hat. Den Teig kurz abkühlen lassen.

2 Den Teig mithilfe eines Löffels in den Spritzbeutel füllen und in 16 Stangen (8–10 cm lang) auf zwei große Teller spritzen. Den Zucker auf einen dritten Teller häufen.

3 Die Sahne mit dem Vanillezucker in einem Topf erhitzen (nicht kochen!). Die Schokolade in die Sahne bröckeln und darin schmelzen. Die Schokoladensauce in ein Schälchen füllen.

4 In einem weiten Topf das Frittieröl auf 180° erhitzen. Es ist heiß genug, wenn an einem hineingehaltenen Holzstäbchen sofort Bläschen aufsteigen. Die Teigstangen portionsweise in das Öl geben und in je 4 Min. goldbraun und knusprig frittieren, dabei mehrmals wenden. Mit einem Schaumlöffel herausheben, auf Küchenpapier entfetten und im Zucker wenden. Die Churros auf Schälchen oder Teller verteilen und die Schokoladensauce zum Dippen dazustellen.

RASPBERRY CRUMBLE BARS

MIT VANILLEHAUCH

15 Min.
Zubereitung

30 Min.
Kühlen

45 Min.
Backen

Pro Stück
ca. 290 kcal

BERRY
LOVE

**Für 1 quadratische Springform
(24 × 24 cm, 16 Stücke)**

400 g TK-Himbeeren
   (oder TK-Heidelbeeren oder
   TK-Beerenmischung)
½ Bio-Zitrone
280 g Mehl
1 TL Backpulver
Salz
400 g brauner Rohrohrzucker
225 g Butter
2 EL Himbeerkonfitüre
1 EL Vanillepuddingpulver

Außerdem:
Butter für die Form

1 Die Himbeeren in einem Sieb über eine Schüssel gehängt auftauen und gründlich abtropfen lassen. Inzwischen die Zitronenhälfte heiß waschen und abtrocknen, die Schale abreiben und den Saft auspressen. 250 g Mehl, das Backpulver, ½ TL Salz, Zitronenschale und 350 g Zucker in einer großen Schüssel mischen.

2 Die Butter bei kleiner Hitze schmelzen, sie sollte nicht bräunen. Die geschmolzene Butter zur Mehlmischung geben und alles mit den Fingern zu groben Streuseln verarbeiten. Die Streusel ca. 30 Min. kalt stellen.

3 Den Backofen auf 175° vorheizen. Die Form buttern. Etwa zwei Drittel der Streusel in die Form geben und mit den Fingern fest am Boden andrücken. Den Boden im heißen Ofen (Mitte) 10 Min. backen.

4 Inzwischen die Himbeeren mit dem übrigen Zucker (50 g), der Himbeerkonfitüre und 3 EL Zitronensaft mischen. Das restliche Mehl (30 g) und das Vanillepuddingpulver gründlich unterrühren.

5 Den Teigboden aus dem Ofen nehmen, die Himbeermasse darauf verteilen und die übrigen Streusel daraufstreuen. Die Form wieder in den Ofen (Mitte) schieben und den Kuchen in 30–35 Min. goldbraun backen. Herausnehmen und auskühlen lassen. Den Kuchen aus der Form lösen und mit einem scharfen Messer in 16 Quadrate schneiden.

EIS-SANDWICH

MIT KOKOS

KNUSPRIG-CREMIG

35 Min.
Zubereitung

3 Std.
Gefrieren

7 Min.
Backen

Pro Stück
ca. 505 kcal

Für 8 Stück

25 g Kokosraspel
400 g griech. Joghurt
   (10 % Fett)
175 g brauner Zucker
1 EL Kokosmus
150 g Sahne
100 g Zartbitterschokolade
125 g weiche Butter
175 g Mehl
1 Ei (M)
1 TL Backpulver

Außerdem:
Handrührgerät

1 Den Backofen auf 180° vorheizen und ein Backblech mit Backpapier auslegen. Die Kokosraspel auf dem Blech verteilen und im Ofen (Mitte) in 8–10 Min. goldbraun rösten. Herausnehmen und abkühlen lassen.

2 Den Joghurt mit 50 g Zucker und Kokosmus verrühren. Die Sahne mit den Rührbesen des Handrührgeräts steif schlagen. Sahne und Kokosraspel unter den Joghurt heben. Die Mischung in eine Gefrierbox füllen und ca. 3 Std. gefrieren lassen.

3 Inzwischen die Schokolade fein hacken. Butter, restlichen Zucker (125 g), Mehl, Ei und Backpulver in eine Schüssel geben. Mit den Rührbesen des Handrührgeräts zu einem glatten Teig verrühren, die Schokolade unterrühren. Aus dem Teig 16 Kugeln formen und mit Abstand auf das Backblech setzen. Die Teigkugeln etwas flach drücken und im heißen Ofen (Mitte) ca. 7 Min. backen. Cookies herausnehmen und abkühlen lassen.

4 Aus dem Kokoseis mit einem Eisportionierer 8 Kugeln formen. Je 1 Eiskugel zwischen 2 Cookies legen, das Sandwich leicht zusammendrücken und sofort genießen.

SKYR

MIT BEEREN UND GRANOLA

15 Min.
Zubereitung

10 Min.
Abkühlen

Pro Portion
ca. 355 kcal

SCHNELLES SOMMER-DESSERT

Für 4 Personen

Für das Granola:
50 g Mandeln
50 g feine Haferflocken
2 EL Mohnsamen
2 TL Zucker
1 EL Butter

Außerdem:
500 g Skyr (ersatzweise
   Joghurt)
200 g Preiselbeeren
   (aus dem Glas)

1 Für das Granola die Mandeln grob hacken. Mandeln, Haferflocken und Mohn in eine Pfanne ohne Fett geben und bei mittlerer Hitze in 3–5 Min. unter Rühren goldbraun rösten.

2 Diese Mischung dann an den Pfannenrand schieben. Den Zucker in die Pfannenmitte streuen und karamellisieren lassen. Den entstandenen Karamell sofort mit der Flockenmischung verrühren, die Butter dazugeben und unterrühren. Das Granola auf einem Bogen Backpapier verteilen und auskühlen lassen.

3 Den Skyr gleichmäßig auf vier Gläser verteilen. Je 50 g Preiselbeeren mit einem Löffel daraufgeben. Je 2 EL Granola daraufstreuen. Die Gläser verteilen und das Dessert löffeln.

PRALINEN-EIS

MIT BAISERBRÖSELN

25 Min.
Zubereitung

10 Min.
Abkühlen

5 Std.
Tiefkühlen

Pro Stück
ca. 305 kcal

Für 6 Stück

Für das Eis:
200 g Zartbitterschokolade
(mind. 70 % Kakaogehalt)
200 g Sahne

Für das Baiser:
6 Minibaisers (ca. 25 g)
2 EL Schokoladensauce
(aus dem Glas)

Außerdem:
6 Stieleisformen (à ca. 50 ml)

1 Für das Eis die Schokolade in Stücke brechen. Die Sahne in einem Topf erhitzen, die Schokolade dazugeben und unter Rühren in der Sahne schmelzen. Die entstandene Pralinencreme in einen Becher mit Ausgießer füllen und ca. 10 Min. abkühlen lassen.

2 Die abgekühlte Creme gleichmäßig in die Stieleisformen verteilen, mit den dazugehörigen Eisstielen versehen und mindestens 5 Std. tiefkühlen.

3 Das Pralineneis aus dem Tiefkühlfach nehmen und leicht antauen lassen. Inzwischen die Baisers mit den Fingern nicht zu fein zerbröseln. Die Formen vorsichtig vom Eis ziehen. Die obere Hälfte des Eises über einen kleinen Löffel mit etwas Schokoladensauce beträufeln und sofort mit den Baiserbröseln bestreuen. Das Pralineneis sofort genießen.

TIPP:

Fortgeschrittene machen selbst eine Baiserhülle: 1 Eiweiß mit 1 Prise Salz und 40 g Zucker zu einer luftig-cremigen Masse aufschlagen. Die obere Hälfte vom Pralineneis hineintauchen und den Baiserschaum mit einem Flambierbrenner rundherum ganz leicht bräunen. Sofort aufessen!

BESSER ALS VOM BÄCKER

Für 10 Stück

100 g Butter
2 Eigelb (M)
200 g Mehl
75 g gemahlene Mandeln
100 g Puderzucker
Salz
1 EL Zitronensaft
10 g gefriergetrocknete
   Himbeeren
20 g Pistazienkerne (ungesalzen)
100 g Himbeerfruchtaufstrich
   (aus dem Glas)

Außerdem:
Handrührgerät
Mehl zum Arbeiten

1 Die Butter in Stücke schneiden und mit Eigelben, Mehl, Mandeln, 50 g Puderzucker und 1 Prise Salz in eine Schüssel geben. Alles mit den Knethaken des Handrührgeräts rasch zu einem glatten Teig verkneten. Diesen abgedeckt ca. 2 Std. kühl stellen.

2 Den Backofen auf 180° vorheizen und zwei Backbleche mit Backpapier auslegen. Den Teig auf der leicht bemehlten Arbeitsfläche zu einem Rechteck (40 × 20 cm) ausrollen. Die Teigplatte in 20 Stücke (4 × 10 cm) schneiden. Die Stücke mit etwas Abstand zueinander auf die Bleche legen und nacheinander im Ofen (Mitte) ca. 10 Min. backen. Herausnehmen und ganz auskühlen lassen.

3 Inzwischen den restlichen Puderzucker (50 g) und den Zitronensaft zu einem dickflüssigen Guss verrühren. Himbeeren und Pistazien mit einem Messer grob hacken. Die Hälfte der Teigstücke mit Himbeerfruchtaufstrich bestreichen. Die restlichen Stücke darauflegen und leicht andrücken. Die Schnitten mit Zuckerguss bestreichen, mit gehackten Himbeeren und Pistazien bestreuen und trocknen lassen.

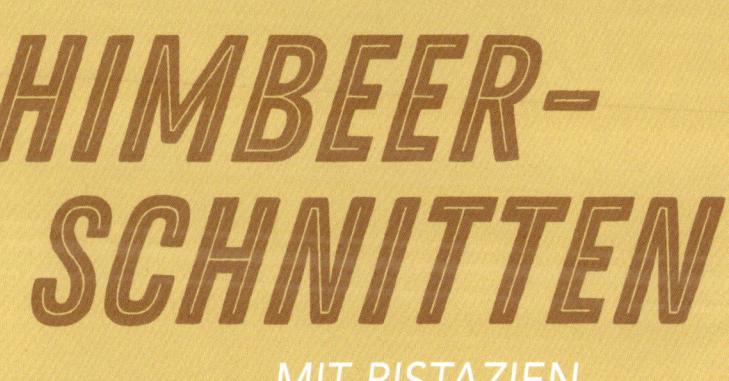

HIMBEER-SCHNITTEN

MIT PISTAZIEN

25 Min.
Zubereitung

2 Std.
Kühlen

20 Min.
Backen

Pro Stück
ca. 275 kcal

APFELKÜCHERL

MIT ZIMTZUCKER

SCHMECKT WIE BEI OMA

45 Min.
Zubereitung

Pro Portion
ca. 560 kcal

Für 4 Personen

4 große säuerliche Äpfel
2 EL Zucker
1 EL Zitronensaft
1 EL Butter
2 Eier (M)
150 g Mehl
Salz
150 ml kohlensäurehaltiges
   Mineralwasser
1 l Frittieröl (z. B. Rapsöl)
3 EL Zimtzucker

Außerdem:
Apfelausstecher
Schaumlöffel

1 Die Äpfel schälen und das Kerngehäuse mit einem Apfelausstecher entfernen. Die Äpfel in ca. 1 cm dicke Ringe schneiden und in einer Schüssel mit Zucker und Zitronensaft vermischen. Die Butter schmelzen und wieder abkühlen lassen. Die Eier trennen. Das Mehl in eine Schüssel sieben und mit 1 Prise Salz mischen. Das Mineralwasser, die Eigelbe und die flüssige Butter unterrühren. Die Eiweiße steif schlagen und unterheben.

2 Das Öl in einem Topf erhitzen. Es ist heiß genug, sobald an einem eingetauchten hölzernen Kochlöffelstiel viele Bläschen aufsteigen. Die Apfelringe nacheinander durch den Teig ziehen und portionsweise im heißen Öl in 3–4 Min. goldbraun ausbacken, dabei einmal wenden.

3 Die Apfelkücherl mit dem Schaumlöffel herausheben und auf einer Platte mit mehreren Lagen Küchenpapier entfetten. Noch heiß mit Zimtzucker bestreuen und sofort reinbeißen.

ARME RITTER

AUF PORTUGIESISCHE ART

45 Min.
Zubereitung

Pro Portion
ca. 410 kcal

MIT ORANGEN-AROMA

Für 4 Personen

1 Bio-Orange
300 ml Milch (mind. 3,5 %
  Fett)
½ Zimtstange
1 ½ TL Zucker
4 Scheiben Kastenweißbrot
  (ca. 2 Tage alt; ca. 3 cm
  dick)
2 Eier (M)
20 ml Orangensaft

Für den Zimtzucker:
5 EL Zucker
½ EL Zimtpulver

Außerdem:
1 l Frittieröl (z. B. Rapsöl)
Schaumlöffel

1 Die Orange heiß waschen, abtrocknen und die Hälfte der Schale dünn abschälen. 150 ml Milch mit der Orangenschale, der Zimtstange und dem Zucker in einen kleinen Topf geben, bis zum Siedepunkt erhitzen und unter Rühren ca. 10 Min. sieden lassen. Die übrige Milch (150 ml) dazugießen. Den Topf vom Herd nehmen, Orangenschale und Zimtstange entfernen und die Milch lauwarm abkühlen lassen.

2 Die Brotscheiben nebeneinander in eine Schale legen. Für den Zimtzucker Zucker und Zimtpulver in einem großen Teller gut mischen. Die Eier in einen tiefen Teller aufschlagen und mit einem Schneebesen gut verquirlen.

3 Das Frittieröl in einer Pfanne mit hohem Rand erhitzen. Den Orangensaft in die Milch rühren und die Mischung gleichmäßig über die Brotscheiben gießen. Die Brotscheiben nacheinander vollständig in die Eier tunken und dann im Öl von beiden Seiten goldgelb frittieren. Mit einem Schaumlöffel herausheben und auf einem Teller mit Küchenpapier entfetten. Kurz abkühlen lassen, in Zimtzucker wälzen und auf eine Servierplatte legen. Die Armen Ritter schmecken warm oder kalt.

BILD-NACHWEIS

Arras: S. 76

Bergmann: S. 11_1, 11_2, 11_3

Binner: S. 9_1, 9_2, 9_3, 9_4, 14, 23, 28, 35, 39, 42, 46

D'Angelo: 16, 18, 19, 56, 80, 84, 89

Flaticon/Iconja

Flaticon/Pixelperfec

Flaticon/CreativeCon

Flaticon/FrrePi

Flaticon/Khoirul Hud

Flaticon/POD Gladiator

Flaticon/kmg design

Flaticon/juicy_fish

Flaticon/Those Icons

Flaticon/Andrejs Kirma

Hoersch: S. 27, 30, 40, 60, 61, 74, 82, 83, 87

Knezevic: S. 20

Lang: S. 7, 13, 21, 48, 69

Neubauer: S. 4, 24, 25, 38, 49, 50, 53, 64, 70, 78, 79, 88, U4_1, U4_2

Schardt: 54, 62, 72

Schütz: S. 32

Südfels: S. 29, 33, 37, 45, 65, 67

tehenounproject/Hanbai

Winner: S. 43, 59

Bildagentur Image Professionals GmbH, Tumblingerstr. 32, 80337 München
www.image-professionals.com

GU

LIEBE LESERIN, LIEBER LESER,

wie wunderbar, dass du dich für ein Buch von GU entschieden hast! In unserem Verlag dreht sich alles darum, dir mit gutem Rat dein Leben schöner, erfüllter und einfacher zu machen. Unsere Autorinnen und Autoren sind echte Expertinnen und Experten auf ihren Gebieten, die ihr Wissen mit viel Leidenschaft mit dir teilen. Und unsere erfahrenen Redakteurinnen und Redakteure stecken viel Liebe und Sorgfalt in jedes Buch, um dir ein Leseerlebnis zu bieten, das wirklich besonders ist. Qualität steht bei uns schon seit jeher an erster Stelle – jedes Buch ist von Büchermenschen für Buchbegeisterte gemacht, mit dem Ziel, dein neues Lieblingsbuch zu werden.

Deine Meinung ist uns wichtig, und wir freuen uns sehr über dein Feedback und deine Empfehlungen – sei es im Freundeskreis oder online.

Viel Spaß beim Lesen und Entdecken!

P.S. Hier noch mehr GU-Bücher entdecken: www.gu.de

DIE BÜCHERMENSCHEN HINTER DEM PROJEKT

Verlagsleitung: Eva-Maria Hege
Projektleitung: Vanessa Lotz
Redaktionelle Mitarbeit: Lena Buch, Jule Sohn
Lektorat: Katharina Lisson
Gesamtgestaltung: ki36 Editorial Design, Anika Neudert, München
Satz: Dorothee Griesbeck, griesbeckdesign, München
Herstellung: Petra Roth
Reproduktion: Medienprinzen GmbH, München
Druck & Bindung: F&W Druck- und Mediencenter GmbH, Kienberg

© 2025 GRÄFE UND UNZER VERLAG GmbH
Grillparzerstraße 12, 81675 München

www.gu.de/kontakt | hallo@gu.de

GU ist eine eingetragene Marke der GRÄFE UND UNZER VERLAG GmbH

**1. Auflage 2025,
ISBN: 978-3-8338-9731-3**

WERDE TEIL DER GU-COMMUNITY!

Du und deine Familie, dein Haustier, dein Garten oder einfach richtig gutes Essen. Egal, wo du im Leben stehst: Als Teil unserer Community entdeckst du die neuesten GU-Bücher als Erstes, du genießt exklusive Leseproben und wirst mit wertvollen Impulsen und kreativen Ideen bereichert.

Worauf wartest du? Sei dabei!

www.gu.de/gu-community

© Bernhard Haselbeck

WARUM UNS DAS BUCH BEGEISTERT

Mit den kreativen Rezeptideen von Snacks über Hauptgerichte und Sweets können junge Kochanfänger*innen ganz easy für knusprige Leckereien sorgen.

Eva-Maria Hege, Verlagsleitung

FÜR DIE UMWELT

Dieses Buch wurde auf PEFC-zertifiziertem Papier aus nachhaltiger Waldwirtschaft gedruckt. Aus Liebe zur Natur verwenden wir leichtes Papier.

BACKOFEN-HINWEIS

Unsere Temperaturangaben, wenn es nicht anders angegeben wird, beziehen sich auf das Backen im Elektroherd mit Ober- und Unterhitze. Die Backzeiten können je nach Herd variieren. Details entnehmen Sie bitte der Bedienungsanleitung Ihres Backofens.

Für dein
genussvollstes Ich.

Backspaß für junge Talente: unser Backbuch für 12–15jährige –
trendige Rezepte kinderleicht umgesetzt.

DIE
COOLSTEN
BACK
REZEPTE
FÜR TEENS

EASY &
TASTY

G|U